황원갑 역사소설

나당전쟁의 승리

나당전쟁의 승리

초판 1쇄 발행 2024년 12월 1일

지 은 이 황원갑
발 행 인 권선복
편　　집 권보송
디 자 인 서보미
전 자 책 서보미
발 행 처 도서출판 행복에너지
출판등록 제315-2011-000035호
주　　소 (07679) 서울특별시 강서구 화곡로 232
전　　화 0505-613-6133
팩　　스 0303-0799-1560
홈페이지 www.happybook.or.kr
이 메 일 ksbdata@daum.net

값 18,000원
ISBN 979-11-93607-61-9 (03910)

황원갑 역사소설

나당전쟁의
승리

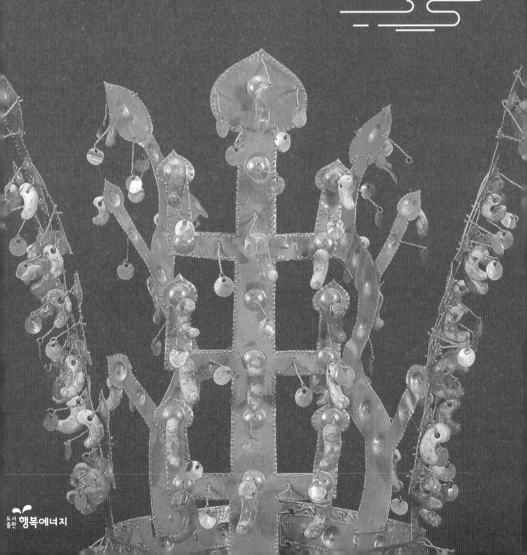

도서
출판 행복에너지

책머리에

나당전쟁은 어찌하여 일어났는가. 당나라의 야욕 때문에 일어
났다. 백제와 고구려를 멸망시킨 뒤에 당나라가 한반도 전체의 지
배를 노리는 음흉한 야욕을 노골적으로 드러냈기 때문이었다. 그
래서 망국 백제에는 웅진도독부를, 망국 고구려에는 안동도호부를,
그리고 멀쩡한 독립국인 신라에는 계림도독부라는 허울 좋은 통
치기구를 만들어 한반도 전체를 집어삼키려 들었던 것이다.

이에 참지 못한 신라가 당군을 향해 선제공격을 가하고 나선 것
이었다. 그렇게 해서 669년부터 676년까지 8년간에 걸친 나당전
쟁이 시작되었던 것이다. 그것은 신라가 국가 존립을 걸고 전면전
을 각오한 비장한 생존투쟁이었다.

따라서 나당전쟁을 이야기하기 위해서는 백제와 고구려의 멸망
과 광복전쟁부터 돌아보지 않으면 안 되었다.

내가 이 소설 <나당전쟁의 승리>를 쓰기 시작한 것은 5년 전이
었다. 사료를 확인하기 위해 <삼국사기>를 찾아보다가 ‘신라본기’
문무왕 16년(676년)조에서 다음과 같은 대목을 보았다.

'겨울 11월에 사찬(沙飡) 시득(施得)이 수군을 거느리고 설인귀(薛仁貴)와 소부리주 기벌포(伎伐浦)에서 싸우다가 패했으나 다시 진군하여 크고 작은 스물두 번의 싸움에서 이기고 4000여 명의 머리를 베었다.'

사찬은 신라 17관등 가운데 제8위 벼슬이다. 시득이란 인물은 <삼국사기> 전체를 통해 이 문무왕조에 단 한 번밖에 나오지 않는다. 그리고 다른 어떤 사서에도 나오지 않는다.

문무왕 16년이면 나당전쟁이 막바지에 이른 해이다. 기벌포는 오늘의 금강 하구, 군산과 장항 앞바다이다. 나당전쟁에 관해서 사료를 찾아보고 취재를 시작했다. 시득이란 인물은 <삼국사기> 문무왕조에 단 한 번밖에 등장하지 않으므로 그를 주인공으로 삼아 나당전쟁을 소설화하는 데에는 많은 어려움이 따랐다.

처음에는 <기벌포의 승리>라는 제목의 단편소설을 써서 2019년 1월호 <한국소설>에 발표했다. <한국소설>은 한국소설가협회가 펴내는 소설 전문지이다. 그러나 나당전쟁이란 주제가 단편이나 중편소설로 소화하기에는 너무나 아깝다는 생각이 들었다.

8년간에 걸친 나당전쟁은 그 규모도 크거니와 우리 역사에 미친 의미도 매우 크고 무거운 것이었다. 만일 임진왜란 때 조선왕조가 패망했다면 우리나라는 그때부터 일본의 식민지가 되었을 것과 마찬가지로, 만일 나당전쟁에서 신라가 패망했다면 우리나라 역사는 그때부터 당나라의 영토가 되어 그 뒤의 남북국시대니,

후삼국이니, 고려니, 조선왕조는 있지도 않았고, 지금은 중국 변방의 한 성(省)이나 자치주가 되어 있을 것이다.

그런 규모와 역사적 의미를 고려하여 나당전쟁의 전말을 장편소설로 쓰게 되었던 것이다. 그러다 보니 이야기의 규모도 자연히 커져 나당전쟁의 원인이 된 신라의 통일전쟁까지 범위가 늘어났고, 주인공 김시득에 관한 내용도 크게 늘릴 수밖에 없었다. 김시득을 화랑 출신으로 설정하고, 나당전쟁 전 과정과 마지막 승리인 기벌포해전까지 그의 활약상을 묘사했다.

사실 김시득의 공로는 그 역사적 의미가 우리 역사를 빛낸 그어떤 영웅호걸에 못지않게 매우 큼에도 불구하고 그에 관한 기록이 너무나 없는 까닭에 지금까지 역사에서 무시당해온 것이 참으로 안타깝다. 아마도 같은 시대의 김유신의 명성에 가려 그렇게 되었을 것이다.

신라의 이른바 '삼한통일'로 천손족(天孫族) 한민족이 고조선 붕괴 이후 700년간 분열된 열국시대에서 같은 언어, 같은 관습, 같은 종교의 같은 민족이라는 역사적 통일을 이루었다면, 나당전쟁은 그 민족적 합일성의 통일을 마무리한 역사적 의미가 크다.

나당전쟁의 승리 이후 신라는 230년의 발해와 남북국시대를 거쳐 천년 사직을 이어갔으며, 그 뒤 고려왕조 500년, 조선왕조 500년, 대한민국으로 한민족의 역사를 이어 올 수 있었던 것이다. 나당전쟁은 그렇게 매소성전투와 기벌포해전을 끝으로 신라의 승리로 막을 내렸지만, 그렇다고 해서 그것이 정말 끝은 아니었다. 중국이 지금도 고구려와 발해사를 중국사의 일부로 삼는 역사 왜곡과 날조와 탈취를 계속하고 있기 때문이다.

중국은 거기에 더해서 이제는 고조선의 역사까지 중국사의 일부로 둔갑시키는 황당무계한 작태를 벌이고 있는 것이다. 단군왕검의 고조선까지 빼앗기면 한국사는 아무것도 남지 않게 된다.

중국이 이른바 '동북공정(東北工程)'을 통해 고구려와 발해사를 당나라 변방의 지방정권이라고 주장하는 이유는 무엇인가. 현재 중국의 영토 안에 있던 나라의 역사는 모두 중국사로 만들기 위한 것이다. 그래서 거란족의 요나라도, 여진족의 금나라도, 몽골족의 원나라도, 여진족의 청나라의 역사도 모두 중국사가 되고, 징기스칸과 누르하치칸도 모두 중국인으로 둔갑시킨 것이다. 징기스칸을 몽골인이 아니라 중국인이라고 해서 온 세상이 비웃는 것도 아랑곳하지 않는 낯 두꺼운 민족이 한족(漢族)이다.

또 중국의 탐원공정·단대공정이란 것도 중국사의 상한선을 더 올려 잡기 위한 것이다. 중국인들이 그동안 동이족 오랑캐의 역사라고 멸시하던 동이족의 유적, 고조선의 유적이 중국보다 훨씬 오래 전의 것이라는 사실이 밝혀졌기 때문이다. 그래서 중국은 중국사의 기원을 이제는 황하문명(黃河文明)이라고 하지 않고 요하문명을 중국사의 시원으로 날조하고 있는 것이다. 그러면서 동이족도 중국인의 조상이라고 강변하고 있으니, 이제는 단군왕검(檀君王儉)과 웅녀(熊女)도 저희 중국의 조상이라고 우기고 나서는 것이다.

참으로 황당무계하다.

단군 할아버지까지 중국인의 조상으로 빼앗기면 한국사는 무엇이 남는가. 아무것도 없게 된다. 그래서 올바른 역사교육이 중요하다는 것이다.

이제 5년간의 진통 끝에 이 작품을 세상에 내놓는다. 20대부터 80대까지 누구나 재미있고 읽기 쉽게 쓰려고 애썼지만 평가는 독자들의 몫이다. 부디 많은 독자가 읽고 우리 역사에 더욱 크고 많은 관심 있기를 바란다.

그리고 여러 가지로 형편이 어려움에도 불구하고 용기 있게 출판을 맡아주신 행복에너지 권선복 대표와 훌륭하게 편집을 해주신 권보송, 서보미 님 등 편집진의 노고에 진심으로 깊은 감사를 드린다.

2024년 11월

저자 平海居士 黃源甲

차례

서장

　밤새 적정을 살피러 나갔던 탐망선이 백강(白江) 하구 기벌포(伎伐浦)의 신라군 수군기지로 돌아온 것은 어렴풋이 동녘이 밝아오는 새벽이었다. 사찬(沙湌) 김시득(金施得)에게 세작(細作)들을 인솔했던 탐망선의 우두머리 군관이 보고를 했다.

　"장군. 적선들이 나타났습니다! 당 수군은 모두 오백 척이 넘는 데, 길산도 앞바다까지 왔습니다! 적장은 설인귀(薛仁貴)라고 합니다!"

　보고를 받은 김시득은 부하들에게 즉시 승선 명령을 내렸다. 군사들이 각자의 배에 오르는 동안 시득은 군막 안을 둘러보며 장령들에게 짧게 훈시했다.

　"다들 들어라! 드디어 우리 마카(모두) 나라를 위해 목숨 바쳐 싸울 때가 왔다! 우리는 여기서 물러설 곳이 없다. 여기서 갈 곳이 없는 것이다. 당괴(唐魁)들은 오합지졸에 불과하지만 우리 신라군보다 열배나 많다. 배도, 군사도, 무기도 우리보다 열 배나 많다. 따라서 우리 모두 죽기를 각오하고 싸우지 않으면 안 된다. 하지만 두려워할 것은 조금도 없다! 서캐(서쪽 오랑캐)를 겁내는 신라 무사는 전에도 없었고 지금도 있을 수 없다!"

　김시득의 훈시를 듣는 장령들의 얼굴에는 저마다 비분강개의 표정이 어렸다. 시득은 두 눈을 부릅뜨고 한 층 더 목청을 높였다.

　"이제 우리는 이 바다를 지켜야만 한다! 우리 손으로, 우리 힘으로 이 바다를 지켜야만 한다! 우리 전선(戰船) 한 척이 적선 열 척을, 우리 오천 군사가 각자 오랑캐 열 놈씩만 죽여 없애면 능히 이 싸움에서 이길 수 있는 것이다! 그렇게 하여 당나라 오랑캐들이 다시는 우리 땅을 넘보지 못하게 해야 한다! 우리는 삼한일통을 위해 백제와 고구려를 멸했다. 그런데 우리를 도우러 왔던 당나라 놈들이 백제 땅과 고구려 땅에 그대로 죽치고 앉아 제 나라 영토를 만들겠다고 나선 것이다. 이것이야 말로 오랑캐 근성이 아니고 뭐란 말인가? 이런 당괴의 야욕을 반드시 꺾지 않으면 안 된다! 그런 까닭에 이 전쟁이 중요하다고 하는 것이다! 그대들이 잘 알다시피 열 배나 되는 적군을 물리친 경우가 없지는 않다. 지난 번 매소성 전투(買肖城戰鬪)에서 우리 신라군 삼만 명이 다섯 배가 넘는 당군 십오만 대군을 무찌른 적도 있지 않은가? 또 전에 고구려도 안시성 (安市城)에서 열 배가 넘는 당나라 오랑캐들을 물리쳤다. 뿐이랴. 예전에 고구려 수군들도 요동바다에서 열 배가 넘는 당나라 오랑캐 함대를 쳐부순 적이 있었다! 그리고….”

시득은 잠깐 말을 멈추고 군막 아래쪽에 앉은 고구려 수군 장령들을 바라보았다.

“고구려 장령들도 마카 들어라!”

“네잇!”

“그대들 모두도 오늘 죽기를 각오하고 싸우겠는가?”

“네잇! 우리 모두 목숨을 걸고 싸우겠소이다!”

“우리를 앞장서게 해주시오!”

“좋다! 그대들도 모두 배에 오르라! 적선들을 기벌포로 유인한 다음에 그대들에게 적선을 쳐부술 기회를 주겠다! …. 그럼 모두 각자 맡은 임무를 잊지 말도록 하라! 자, 모두 나가 싸우자!”

김시득은 장령들을 이끌고 부두로 가서 상선(上船) - 자신의 대장선에 올랐다. 그는 그렇게 신라와 고구려 연합함대를 이끌고 서해로 출전했다.

나당전쟁(羅唐戰爭)이 막바지로 접어든 문무왕(文武王) 16년(676년) 11월 15일 미명이었다.

망국 고구려 수군의 잔존 세력이 김시득을 찾아온 것은 한 달쯤 전의 일이었다. 하루는 부장(副將) 박덕해(朴德海)가 한 사내를 시득의 군막으로 데리고 왔다.

"이 사람이 장군님을 꼭 뵙겠다고 해서 데려왔습니다."

시득이 보니 사십 대 중반의 몸집이 크고 얼굴에 수염이 무성한 사내였다.

"그대는 누구요? 무슨 일로 나를 보자고 했소?"

"장군님. 저는 고구려 수군 대형(大兄) 해정산(解定山)이라고 합니다. 우리나라 고구려가 망한 뒤에 저는 우리 군선 이십여 척을 이끌고 이 섬 저 섬 사이로 숨어 다니며 당군을 치면서 살다가 이제 지치고 힘이 다해 장군님께 찾아왔습니다. 부디 저희를 거두어주시기 바랍니다."

"그대가 거느린 군사 수는 몇 명이나 되오?"

"모두 천 명입니다."

"우리와 더불어 싸우겠다니 고맙긴 하오만, 조건이 있을 게 아니오?"

"나라가 망하고 남은 미력한 세력인데 뭐 조건이랄 게 있겠습니까?…. 다만 장령들 이십여 명은 전에 귀국에서 백제의 장수들에게 한 것처럼 신라 관직을 내려주시고, 또 군량과 무기를 넉넉히

주셔서 당적(唐敵)들과 후회 없이 싸울 수 있게만 해주시면 더 바랄 것 없이 고맙겠소이다.”

“지금 모두 어디에 있소?”

“여기서 세 시진 거리 떨어진 섬에 있소이다.”

“으흠, 이 일은 나 혼자 결정할 수 있는 일이 아니오. 상부에 보고하여 허락을 받아야 하니 앞으로 보름 동안 말미를 주시오…. 그런데 해전은 많이 겪어봤소?”

그러자 해정산이 껄껄 웃더니 이렇게 대꾸했다.

“이 사람이 젊었을 때는 연수영(淵秀英) 장군의 휘하에서 고구려 요동함대에 몸담고 있었지요! 장량(張亮)이 거느린 당 수군과는 숱하게 싸웠지요!”

“아, 그랬구려! 연 장군이 장산군도해전(長山群島海戰)에서 당 수군을 대파한 이야기는 나도 하마(벌써) 들어서 잘 알고 있소이다! 그때 이세민(李世民 : 당 태종)이 안시성에서 퇴각한 것도 결국 장량이 해전에서 연 장군에게 대패해 군량 수송 길이 막혀버렸기 때문이라지요?”

시득이 얼굴을 펴고 웃으며 물었다. 해정산이 따라 웃으며 대답했다.

“김 장군께서도 잘 알고 계시는군요! 바로 그렇습니다!”

그렇게 해서 김시득은 상부의 허락을 받아 망국 고구려의 수군 천 명과 전선 20여 척을 받아들였던 것이다.

김시득은 함대를 거느리고 기벌포를 떠났다. 어느새 동녘 하늘이 훤하게 밝아오고 있었다. 이윽고 난바다로 향해 서진(西進)하는 함대의 후면에서 아침 해가 떠올랐다.

그렇게 육지를 등지고 난바다로 나간 다음 신라 함대는 멀리 서

북쪽 수평선 위로 한 척 두 척 나타나는 당군 함대의 모습을 볼 수
있었다.

"함대의 속도를 늦춰라!"

시득이 기수(旗手)에게 명령했다. 기수가 녹색 기를 흔들었다. 함
대가 서서히 속도를 줄였다. 그러는 사이에도 적의 함대는 점점
가까이 다가왔다.

"첨자진(尖字陣)을 펼쳐라!"

시득이 다시 명령을 내렸다.

함대는 선두가 좁고 뒤쪽으로 갈수록 두터운 모양의 진형을 이
루었다. 상대적으로 함선 수가 많은 적군을 상대하기 위한 진법이
었다.

"전투준비!"

시득의 군령에 따라 전고(戰鼓)가 둥 둥 둥 둥! 울렸다.

제1장

백제의 망국

．．．

나당전쟁은 어찌하여 일어났는가. 당나라의 야욕 때문에 일어났다. 백제와 고구려를 멸망시킨 뒤에 당나라가 한반도 전체의 지배를 노리는 음흉한 야욕을 노골적으로 드러냈기 때문이었다. 그래서 망국 백제에는 웅진도독부를, 망국 고구려에는 안동도호부를, 그리고 멀쩡한 독립국인 신라에는 계림도독부라는 허울 좋은 통치기구를 만들어 한반도 전체를 지배하려고 들었던 것이다.

이에 참지 못한 신라가 당군을 향해 선제공격을 가하고 나선 것이었다. 그것은 신라의 생존을 위해 전면전을 각오한 필사적인 항거였다.

따라서 나당전쟁을 이야기하기 위해서는 백제와 고구려의 멸망사부터 되돌아보지 않으면 안 된다.

의자왕(義慈王) 20년(660년) 7월 9일 새벽, 백제의 마지막 도성 소부리(所夫里) - 사비성(泗沘城)에서 동쪽으로 약 30km 떨어진 황산벌에 달솔 계백(階伯)이 이끄는 5000결사대가 다다랐다.

어제 오후 늦게 도성을 떠나 밤새 달려온 것은 최후의 방어선이요, 전략적 요충인 황산의 관문을 침략자인 신라군에게 빼앗기지 않기 위해서였다.

연봉을 이룬 야산의 능선과 골짜기들 너머로 희부옇게 동녘이 터오고 있었다. 밤새 한잠 못 자고 행군해 온 5000장병은 저마다 핏발 선 눈을 들어 훤하게 밝아 오는 동쪽 하늘을 쳐다보고 사방을 둘러보았다.

숯고개(炭峴)를 넘어 진격 중이라는 5만 대군의 신라병은 아직 한 명도 나타나지 않았지만, 백제 군사들은 누구나 이곳이 바로 최후의 싸움터가 되고, 그리하여 단 한 사람도 살아서 돌아갈 수 없는 자신들의 무덤이 되리라는 사실을 잘 알고 있었다.

하지만 그들은 두려워하지도 절망하지도 않았다. 어쩌다가 나라의 형세가 위태로운 판국에 빠져들긴 했지만 우리 백제가 한때는 북방의 강국 고구려의 임금 고국원왕(故國原王)을 죽였는가 하면, 동성왕(東城王) 때에는 멀리 중국 대륙까지 식민지로 경영하며 수십만 위(魏)나라 대군을 파죽지세로 깨뜨리며 무위(武威)를 떨친 부국강병(富國强兵)의 나라가 아니었던가.

그런 긍지와 자부심 속에서 연마 단련해 온 전통의 백제군인지라 비록 신라군이 5만 명의 대군이라 해도 겁날 것은 조금도 없었다. 게다가 우리 백제군의 원수(元帥)는 상승장군 계백 달솔이 아닌가 말이다. 올해 66세라던가. 다 늙은 신라의 김유신(金庾信)쯤이야 여지없이 물리치고 이 위기에서 벗어나 나라를 구할 수 있을 것이다.

여기서 신라 놈들을 물리치고 소부리로 돌아가기만 한다면, 덕물도(德物島 : 德積島)에 상륙했다는 당나라 오랑캐 따위야 보나마나 마구잡이로 끌어 모아온 오합지졸 시러베 잡놈의 군사들일 게 뻔하니 13만이건 130만이건 모조리 서해 바다 속에 쓸어 넣어 버리면 그만이다!

그렇게 생각하며 두 눈에 힘을 주고 칼자루 창 자루를 꽉 움켜 쥔 군사들도 있었다.

황산벌은 300 ~ 400m의 야산들로 둘러싸인 20만 평의 분지로서 북쪽에 황산성(黃山城), 동쪽에 황령산성(黃嶺山城)과 깃대봉, 남쪽에 국사봉(國師峰)과 산직리산성(山直里山城)·모촌리산성(茅村里山城) 들이 감싸주고 있는 사비성 외곽 방어의 마지막 요충이다.

전략적으로 가장 중요한 천험의 요새인 숯고개를 장악하지 못하고 이미 적에게 넘겨준 지금, 이 황산벌의 최후 방어선조차 무너지고 만다면 적의 대군은 일사천리로 무인지경을 가듯 소부리로 밀고 들어갈 터였다.

드디어 산등성이 위로 7월의 아침 해가 눈부신 햇살을 내쏘며 떠오르자 5000결사대의 기치와 창검과 투구가 마지막 아우성이라도 치듯 무섭게 번쩍거렸다.

"잘 들어라! 모든 군사들은 내 말을 똑똑히 들어라!"

좌우에 부장(副將)들을 거느린 마상의 계백이 쩌렁쩌렁 울리는 목소리로 일장 유시를 시작하자 보금자리에서 단꿈을 깬 산새들도 놀라 여기저기서 퍼드덕거리며 허공중으로 날아올랐다.

"백제의 싸울아비들아! 나의 사랑하는 용사들아! 우리는 이제 마지막 싸움터에 다다랐느니라. 더 이상 물러설 곳이 없도다! 오늘 한 판의 싸움으로 우리 모두, 그리고 그대들의 사랑하는 부모형제와 처자, 경각에 달린 우리 백제의 운명이 걸려 있는 것이다. 군사들이여, 이 사실을 명심하라! 적은 우리보다 열 배나 많은 5만 대군이라 한다. 그대들 각자가 죽기를 각오하고 용맹을 다해 싸우지 않으면 물리칠 수가 없으리라. 그렇지만 백제의 용사들이여! 두려워할 것은 조금도 없도다. 신라병 따위를 겁내는 백제 군사는 전에도 없었고 지금도 있을 수 없다! 우리 백제군이 신라병과 싸워서 한 번도 져 본 적은 없지 않은가? 옛날 옛적 춘추시대에 월왕(越王) 구천(句踐)은 지금 우리와 똑같은 5000군사로 오왕(吳王) 부차(夫差)의 70만 대군을 쳐부순 적도 있었도다! 그뿐이랴, 불과

15년 전 요동전쟁 때도 고구려의 양만춘(楊萬春) 장군은 안시성(安市城)에서 수십 배가 넘는 당나라 오랑캐를 물리치고 이세민의 눈알을 화살로 쏘아 맞춰 마침내 그로 인해 죽게 만든 사실은 그대들도 모두 잘 알고 있을 것이다. 그러하건대, 우리 5000백제군이 한 사람당 신라병 10명씩만 당한다면 능히 이 싸움을 승리로 이끌어 나라의 위기를 구할 수 있으리라! 그것이 곧 우리 모두가 살 길이요, 그대들의 가족을 살리는 길이 되는 것이다! 싸움터에서 죽을지언정 결코 물러나지 않는 것이 우리 백제군의 전통임을 명심하고 그대들 모두가 분발 감투하라! 모두 알아들었는가?"

"네잇!"

"잘 알았소이다!"

계백의 사자후(獅子吼)에 이어 5000결사대가 목청을 합쳐 피를 토하듯 내지르는 대답 소리가 우렁차게 황산벌과 능선의 골짜기를 타고 울려 퍼졌다.

계백은 장수들을 불러 모아 작전지시를 하고 군사들을 배치했다. 자신은 중군(中軍)으로서 산직리산성에 머물고, 좌군은 황령산성을, 우군은 모촌리산성을 지키게 했다.

적은 수의 군사로 열 배의 적군을 평지인 황산벌 너른 들판에서 정면으로 맞서 싸운다는 것은 병법의 병 자도 모르는 자나 하는 짓이므로 지형지물을 교묘히 이용하여 신라군이 산마루 좁은 관문을 타넘고자 할 때 일시에 삼면에서 협공하여 승리를 거두려는 것이 계백의 전략이었다.

군사들이 좌·우·중군 3영(三營)으로 포진을 마치자 전부터 산성을 지키고 있던 수자리 진수병(鎭戌兵)들이 급히 주먹밥을 만들어 나누어 주었다. 장졸들이 어쩌면 이 세상에서는 마지막이 될지도 모르는 아침밥을 먹을 동안 계백은 잠시나마 쉬시라는 부장들의 권유도 마다하고 군막을 나서서 산성 주변을 거닐었다.

계백은 장검을 짚은 채 우뚝 서서 깊은 생각에 잠겼다. 계백 또한 살갗 아래 붉은 피가 뜨겁게 흐르는 인간이었으니 어찌 감회가 없었으랴.

한평생을 전쟁터로 떠돌며 숱한 싸움을 치르고 수없이 죽을 고비를 넘어온 강철 같은 의지의 사나이였건만, 계백도 남들처럼 가정에서는 한 여자의 지아비였고, 자식들에게는 둘도 없는 아버지였다. 적어도 어제 오후까지는 그랬었다.

하지만 이제는 사랑하는 아내도 귀여운 자식들도 모두가 이 세상 사람이 아닌 것을 어찌하랴! 계백은 두 눈을 지그시 감고 치밀어 오르는 고뇌를 억누르며 오열을 삼켰다. '그럴 수밖에 없었느니라! 이제 곧 저승에서 다시 만날 터….'

어제 아침, 임금으로부터 출전 명령을 받기 전부터 계백은 이미 깨닫고 있었다. 대세를 만회하기에는 시간이 너무나 늦었다는 사실을. 이토록 허망하게 무너져버릴 정도로 허약한 나라가 아니었는데 이 지경이 되고 말다니, 생각할수록 분하고 원통한 노릇이었다.

하지만 대세가 이미 기울어졌다고 해도 아니 싸울 수는 없었다. 그저 팔 다리를 묶고 앉아서 적에게 운명을 내맡길 수는 없는 일이었다. 최후의 한 사람까지 힘을 다해 싸워서 막아내야만 했다.

하루 종일 사군부(司軍部)의 무독(武督)·좌군(佐軍)·진무(振武) 등 무관들을 이끌고 사비성내 상(上)·하(下)·전(前)·후(後)·중(中) 5부(五部)의 5항(五巷)을 돌아다니며 군사들을 불러 모았다. 가까스로 5000명의 병졸을 끌어 모은 것은 뉘엿뉘엿 해가 기울어 갈 무렵이었다.

계백은 출전에 앞서서 마지막으로 집에 들렀다. 하지만 그것은 처자식의 얼굴을 한 번 더 보고 싶어서가 아니었고 그들로 하여금 안전한 살 길을 일러 주기 위함은 더더욱 아니었다.

나라가 망하고 도성이 함락되면 적군이 물밀듯이 쏟아져 들어와 1만 호(戶) 5만여 구(口)의 소부리 온 저자를 무참히 유린할 것은 불을 보듯 뻔한 일이었다. 어찌 처자식을 원수들의 손에 노예로 내줄 수 있으랴. 어찌 신라와 무자비한 당나라 침략군의 더러운 발아래 사랑하는 아내와 아이들이 짓밟히게 버려둘 수 있으랴!

계백은 처자식의 가슴을 차례로 찔러 숨을 끊어주었다. 그리고 온 집안에 불을 질러 시신조차 적군의 손에 닿지 않게 만든 다음 성을 빠져나와 동쪽으로 말머리를 돌렸던 것이다.

"적군이 나타났다!"

"신라 놈들이다."

군사들의 외침 소리에 계백은 감았던 두 눈을 번쩍 뜨고 현실로 돌아왔다. 이제 마지막이군. 좋아! 올 테면 얼마든지 와 보라. 이 계백이 백제의 마지막 정신을, 마지막 힘을 한 점 후회도, 한 치의 유감도 없이 보여주리라! 계백은 환두대도의 칼자루를 힘껏 움켜잡았다.

백제 최후의 임금 의자왕이 즉위한 것은 641년 3월. 무왕(武王)의 태자인 의자는 젊어서부터 결단성이 있고 효성이 지극하며 형제간의 우애가 깊어 '해동증자(海東曾子)'로 불릴 만큼 뛰어난 인물이었다.

즉위 이듬해에 신라의 김유신이 가잠성을 공격할 때 의자왕은 정병 1만 명을 좌평 부여윤충(扶餘允忠)에게 주어 대야성(大耶城)을 함락하고 신라의 서쪽 변경 40여 성을 빼앗았는데, 그때 대야주 도독은 신라 왕족 김춘추(金春秋)의 사위 김품석(金品釋)이었다.

사랑하는 딸 고타소(古陀炤)와 사위가 백제군에게 죽었다는 흉보를 들은 김춘추는 종일 기둥에 기대어 슬퍼하다가 이를 갈며 기필코 백제를 멸망시키겠노라 맹세를 하고는 대국인 고구려로 당으로 쫓아다니며 군사를 빌려 원수 갚을 일에 여념이 없었다.

647년 신라에서는 선덕여왕(善德女王)이 죽고 사촌동생인 김승만(金勝曼)이 즉위하니 그녀가 진덕여왕(眞德女王)이다.

진덕여왕 2년(648년)에 김춘추는 셋째 아들 문왕(文王)을 데리고 당에 건너가 당 태종 앞에 꿇어앉아 군사를 내어 백제를 쳐 달라 간청하고, 중국의 의관(衣冠)을 가져다 입고 쓰며, 법흥왕(法興王) 이래의 신라 연호(年號)를 버리고 당의 연호를 쓰는가 하면, 아들들을 당나라에 인질로 남겨두었다.

654년 진덕여왕이 죽자 진골(眞骨)인 52세의 김춘추가 마침내 왕위에 오르니 그가 태종무열왕(太宗武烈王)이다.

김춘추의 부인 김문희(金文姬)는 김유신의 작은누이동생으로 두 걸물은 처남 매부 간인데, 즉위 이듬해 61세의 김유신이 상처하자 무열왕은 문희와의 사이에서 낳은 셋째 딸 지소(智炤)를 김유신의 후취로 주어 손위 처남 겸 사위로 삼기도 했다.

신라가 당과 연합하여 백제정벌군을 발진시킨 것은 무열왕 7년(660년) 5월 26일. 무열왕은 대장군 김유신, 장군 김진주(金眞珠)·김천존(金天存)·김죽지(金竹旨) 등과 5만 대군을 거느리고 서라벌을 떠나 6월 18일에는 오늘의 경기도 이천인 남천정(南川停)으로 북상했다.

서라벌에서 소부리로 가는 최단 직선거리를 택하지 않고 3배나 먼 길을 돌아서 간 이유는 첫째, 출병을 고구려 공격으로 위장하려는 양동작전(陽動作戰)이요, 둘째는 국경을 수비하는 백제의 정예군을 우회하여 배후를 치려는 기만 전략이었다.

한편 당 고종(高宗) 이치(李治)의 명령을 받은 대장군 소정방(蘇定方)은 무열왕의 둘째 아들 김인문(金仁問)과 함께 13만 대군을 거느리고 산동반도 내주(萊州)를 출발, 서해를 건너 6월 21일 덕적도에 상륙하니 무열왕은 오늘의 충북 음성인 금돌성(今突城)에 머물며 태자 김법민(金法敏), 뒷날의 문무왕(文武王)을 보내 당군을 영접하고 양군이 수륙으로 진격해 7월 10일에는 백제의 도성 소부리를 총공격하기로 약조했다.

이보다 앞선 그해 3월에 당 고종은 백제를 정벌하기 위해 출정하는 대장군 소정방에게 이런 밀명을 내렸다.

"소 대총관은 이번에 가서 백제를 정복하고 나면 고구려도 정벌하고, 이어서 신라까지 점령하라!"

백제를 멸망시킨 뒤에 고구려와 신라까지 넘보려는 당의 음흉한 야욕은 이처럼 백제를 정벌하기 전부터 먹은 것이었다.

소정방의 본래 이름은 소열(蘇烈). 소옹(蘇邕)의 아들로 기주(冀州)에서 태어나 당 태종 때 동돌궐을 정벌하였고, 657년에는 서돌궐마저 항복시킴으로써 중앙아시아 여러 나라를 모두 안서도호부에 예속시켰다. 백제 원정군을 맡기 전 소정방의 벼슬은 좌무위대장군이었다.

이치는 고구려를 치기 위해서는 그 후방의 백제부터 없애야 되겠다는 전략에서 그동안 신라가 끈질기게 요구하던 백제 원정을 결심했던 것이다.

이치는 소정방을 신구도행군대총관으로 삼고, 김인문을 부대총관으로 삼고, 좌효위장군 유백영(劉伯英)과 우무위장군 풍사귀(馮士貴)를 부장으로 딸려 보냈다.

그런데 그게 다가 아니었다. 신라왕 김춘추를 우이도행군총관으로 임명하여 당나라 원정군을 돕게 했다. 당나라 장군 소정방은 대총관인데 일국의 임금, 신라의 국왕을 그보다 한 계급 낮은 총관에 임명했던 것이다. 이는 참으로 중화제국주의다운 뻔뻔하고 가소로운 발상이었다.

하지만 춘추왕은 백제에게 원수 갚을 일에만 급급하여 군사를 구걸하는 입장인지라 달다 쓰다 뭐라고 불평할 형편이 아니었다. 어쨌든 감지덕지였다. 춘추왕은 즉각 전국에 총동원령을 내렸다.

김유신과 머리를 맞대고 상의를 거듭한 춘추왕은 정예군 5만 명을 동원했는데, 처음에는 백제 공격 사실을 비밀로 부쳤다. 그래서 군사를 이끌고 고구려를 공격할 듯이 멀리 북쪽 남천정까지 올라갔던 것이다.

그러면 그 동안 백제는 어찌하여 이 지경이 되었는가.

즉위 이듬해 좌평 부여윤충 등 장수와 군사를 거느리고 신라를 공격, 대야성을 비롯한 40여 성을 함락시켜 위세를 떨친 의자왕은 그 뒤에도 계속하여 장군 의직(義直)·은상(殷相) 등을 보내 신라를 치고, 재위 15년(655년) 8월에는 수상인 상좌평(上佐平) 부여성충(扶餘成忠)을 보내 동맹을 맺은 고구려와 함께 신라의 30여 성을 쳐서 빼앗았는데, <삼국사기> '백제본기'에는 바로 그해부터 매사가 빗나가기 시작한 것으로 기록되어 있다.

즉 그해 2월 태자궁을 사치스럽고 화려하게 수리하고, 궁궐 남

24

쪽에 망해정(望海亭)을 세웠는데, 그 이듬해 3월에 '궁인(宮人)과 더불어 음란하고 탐락하며 술 마시고 노는 것을 그치지 않으므로 좌평 성충이 극간하니 왕은 노하여 성충을 옥에 가두었다'는 것이다. 그리하여 그 뒤부터는 감히 간하는 신하가 없어졌다고 한다.

성충은 어떻게 하여 의자왕의 노여움을 사서 하옥되었는가 하면 김유신의 모략전의 제물이 되었기 때문이다.

신라 17관등 중 제9등관인 급찬 조미곤(組末坤)이란 자가 있었는데 백제에 포로로 잡혀 좌평 임자(任子)의 가노(家奴)가 되었다가 탈출하였다. 김유신이 이 조미곤을 첩자로 이용하여 임자를 포섭하고, 금화(錦花)라는 무녀(巫女)를 여간첩으로 침투시켜 의자왕의 총애를 얻게 하자, 기회주의자인 간신 임자와 요녀 금화가 의자왕의 총명을 흐리게 하고 충신들을 멀리하게 만드니 마침내 백제 국정이 어지럽게 되었다는 것이다.

임자와 금화의 요망한 이간질로 왕의 배척을 당해 부여윤충은 울화병으로 분사(憤死)하고, 부여성충은 임자와 금화 일당을 탄핵하는 상소를 올리다 미움을 받아 옥에 갇혔다.

부여성충이 옥중에서 이런 글을 올렸다.

충신은 죽어도 임금을 잊지 않는다 하므로 한 말씀 더 드리고 죽으려 하나이다. 신이 항상 시세(時勢)의 변화를 관찰한바 반드시 전쟁이 일어날 듯합니다. 무릇 군사를 쓸 때는 그 지리를 살펴 늘 상류에 처하여 적을 맞아 싸운 연후에야 가히 보전할 수 있겠사오니, 만약 적군이 쳐들어오면 육로로는 숯고개를 막고 수로로는 기벌포(伎伐浦)를 지켜 그 험난한 곳에 의지해 막아 치는 것이 옳겠나이다.

그러고는 28일간을 굶다가 한을 남기고 이승을 버렸다.

이보다 앞서서 좌평 흥수(興首) 또한 의자왕의 미움을 받아 오늘의 전남 장흥인 고마미지(古馬彌知)로 귀양 가 있었다.

의자왕은 657년 정월에는 41명이나 되는 왕자들을 모두 좌평을 삼고 식읍을 주었다고 한다. 이는 그동안 권신들의 입김에 국정을 좌지우지하지 못하던 의자왕이 왕권을 강화하는데 성공했다는 반증일 것이다.

그렇게 하여 나당연합군 18만 대군이 동서·수륙 양면으로 침공해 온다는 급보에 접한 백제 조정은 그제야 대책회의를 임금의 정무소인 남당(南堂)에서 개최하였는데 의견이 분분하였다.

좌평 의직이 말했다.

"당나라 오랑캐들은 바다를 막 건너와 피곤하고 지쳤을 테니 상륙할 때 바로 치면 이내 깨질 것이요, 오랑캐 군사가 무너지면 신라군은 겁을 먹어 저절로 물러갈 것입니다."

그러자 좌평 상영(常永)이 반론을 폈다.

"그렇지 않습니다. 당군이 도착한 지 오래되지 않아 전의가 식지 않았을 것이니 기진맥진할 때까지 기다렸다 쳐야 하고, 먼저 만만한 신라를 침이 옳습니다."

용단을 내리지 못한 의자왕은 귀양살이하는 흥수에게 사람을 보내 계책을 물었다. 흥수가 이런 계책을 올렸다.

"탄현과 기벌포는 국가의 요충이라 장부 1인이 칼을 들고 막으면 만인을 막을 수 있는 곳이니 수륙의 정병을 뽑아 두 곳을 지키게 하고, 대왕은 도성을 방비하다가 되받아치면 백전백승할 것입니다."

성충이 죽어가며 올린 말과 같았으나 임자 일당이 극력 반대했다.

"흥수가 오랜 귀양살이로 대왕을 원망하며 늘 해치려는 마음을 먹고 있을 테니 어찌 그의 말을 따르겠습니까? 당군은 기벌포를 지나게 하고 신라군은 탄현을 넘게 하여 치면 항아리 속의 자라를 잡듯이 양 적을 일시에 격살할 수 있을 것입니다."

의자왕이 들어본즉 저 말도 옳고 이 말도 옳은 것 같아 결단을 내리지 못하다가 다시 금쪽같은 시간만 허비하였다.

변경의 수비군사가 연달아 들이닥치고 마침내 신라군이 숯고개를 넘어서 무인지경을 가듯 소부리로 쳐들어온다는 보고에 당시 백제 16관등 중 좌평 다음 제2품관인 달솔로 있던 장군 계백으로 하여금 나가 막으라고 시켰던 것이다.

김유신의 5만 대군이 넘어선 숯고개(탄현)는 대전 동쪽 식장산의 자무실고개였다. 천험의 요새 숯고개를 아무 저항도 받지 않고 쉽사리 타넘은 김유신의 신라군은 마침내 계백이 진치고 있는 황산의 연봉 앞에 나타났다.

백제군의 대장기가 산직리산성에서 펄럭이는 것을 본 김유신은 맞은편 곰티산성에 본영을 두고 이내 공격 명령을 내렸다. 둥 둥 둥 둥! 전고(戰鼓)가 울리고, 군기가 펄럭이고, 돌격의 사나운 함성이 산과 들과 하늘을 진동했다. 화살이 비 오듯 쏟아지고 창검이 허공중에 무수한 무지개를 그렸다.

백제군이 불과 수천으로 보잘것없다고 여긴 김유신이 우세한 대병으로 일거에 짓밟아 버리고 돌파하려 했던 것이었으나 그것은 오산이요 오판이었다.

목숨 따위야 이미 초개같이 버리기로 작정한 채 일당백의 투혼으로 맞받아 쳐내려오는 백제 5000결사대의 무서운 기백을 김유신은 미처 생각하지 못했던 것이다. 경적필패(輕敵必敗)라, 아무리

허약해 보이는 적도 과소평가하는 것은 병법의 금물. 게다가 백제군은 세 군데 산성에 의지하고 고리처럼 연결되어 좁은 산길을 올라오는 신라군을 밀어붙이니 아무리 10배의 대군이라도 당할 재간이 없었다.

그리고 백제 결사대의 총수 계백은 백전연마의 용장이요 탁월한 전략의 명장이라는 사실을 김유신은 66세의 노령 탓이어서 까맣게 잊고 있었던가.

전후 4차에 걸쳐 공세를 취했건만 5만 대군으로 5000군사를 당하지 못하여 패배에 패퇴를 거듭하니 소정방과의 약정 기일은 하루밖에 남지 않았는데 참 큰일이다 싶어 입안이 바짝바짝 말라가고 속에서 불이 날 지경이었다.

그날 온종일 4전 4패하여 군사들은 기세가 꺾이고 기력이 떨어지니 김유신은 이튿날 아침 모촌리산성을 치던 좌장군 김품일(金品日), 황령산성을 치던 우장군 김흠순(金欽純) 두 대장을 곰티산성 본영으로 불러 작전회의를 열었다.

"우리가 열 곱의 대병으로 이기기는커녕 벌써 1만 가까이 손해만 보았으니 어찌 면목을 세울 수 있겠소? 오늘은 무슨 수를 쓰더라도 적을 깨치고 대국병(大國兵)과 합류해야 하오. 약조를 어겨 소(蘇)장군 혼자 싸우다 패하기라도 하면 우리 신라군의 체면은 어디 가서 찾으며, 또한 그들이 홀로 싸워 이기더라도 그 수모를 어찌 당할 것인가 그 말이요!"

이에 김유신의 아우 김흠순이 화랑인 아들 반굴(盤屈)을 불러 이렇게 일렀다.

"신하가 되어서는 충성을 다 해야 마땅하고 자식이 되어서는 효도를 다 해야 마땅하거늘, 오늘 위급한 때를 당하여 목숨을 내걸지 않고서 어찌 충효를 다 할 수 있겠느냐?"

반굴이 "네이!" 하고 대답 한 마디만 남기고 이내 저의 낭도들을 거느리고 백제 진으로 달려 들어가 힘껏 싸우다가 전사했다.

그러자 김품일 또한 화랑인 아들 관창(官昌)을 불러 세우고 장졸들을 가리키며 말했다.

"내 아들은 나이가 겨우 열여섯 살이나 의지와 기개가 자못 용감하도다! 너는 오늘의 싸움에서 능히 삼군의 모범이 될 수 있겠느냐?"

관창이 역시 "네이!" 하는 대답 소리 한 마디 끝에 필마단기로 백제 진중으로 달려 들어가 창을 휘두르며 힘껏 싸웠으나 백제군에게 사로잡히고 말았다.

계백이 사로잡혀 온 장수의 갑옷과 투구를 벗겨 본즉 아직 어리디어린 소년인지라 차마 죽이기 아까운 마음이 들어 "어허, 네 용기가 가상하구나!" 길게 탄식하며 살려서 돌려보내었다.

관창이 제 아비 품일에게 돌아가 말했다.

"소자가 적진 중에 돌입을 하였으나 적장의 목을 베고 대장기를 빼앗아 오지 못한 것은 죽음이 두려워서가 아니었소이다!"

그리고 나서 맨손으로 곰티재 아래 샘물을 떠 목을 축인 다음 말을 달려 창을 휘두르고 뛰쳐나갔다. 그리하여 힘이 다해 또다시 생포되니 계백은 "이 소년이 죽기를 작정하였으니 어찌 그 장한 뜻을 받아 주지 않겠는가!" 하고는 관창의 목을 베어 말안장에 매달아 돌려보냈다.

김품일이 아들의 머리를 쳐들고 줄줄 흐르는 피가 옷소매를 시뻘겋게 적시는데도 울부짖었다.

"보라! 내 아들의 얼굴이 산 것과도 같도다! 나라 일에 죽었으니

내 오히려 즐거워하노라!"

이에 신라병들이 하나같이 잃었던 용기와 죽었던 힘을 불러일으켜 북치고 함성을 울리며 성난 파도같이 밀고 들어가니, 마침내 계백과 5000결사대도 제대로 먹지 못하고 자지 못하고 4전 4승하던 기력이 떨어져 물밀 듯 총공세를 펼치는 신라군을 당하지 못해 산성의 요새로부터 산 너머 황산벌로 밀려 내려설 수밖에 없었다.

한 번 무너지기 시작하면 걷잡을 수 없는 것이 또한 전쟁의 원리. 일당백의 투혼과 기백으로 버티던 결사대도 중과부적으로 밀리고 밀려 벌판 여기저기에서 살점을 가르고 피를 뿌리며 쓰러져 갔다. 목이 잘리고 팔다리가 떨어져나가고 오장을 쏟으며 백제군은 5000명이 3000명으로, 3000명이 1000명으로, 1000명이 다시 100명으로 시간이 갈수록 줄어들어갔다.

좌군은 황령산성에서 밀려 시장골(屍葬谷)에서 전멸하고, 우군은 모촌리산성에서 밀려 충곡리(忠谷里)에서 전멸하고, 계백의 중군은 황산벌을 가로질러 청동리산성 아래서 전멸을 당했다.

7월 10일 온종일 걸린 싸움에서 5000결사대는 처절하게 학살당하고 계백 또한 수락산 아래서 전사하니 계백의 최후는 곧 백제의 최후나 마찬가지였다. 5000명 중에서 가까스로 참살을 면해 포로가 된 자가 좌평 충상(忠常)과 상영(常永) 등 20여 명이었다.

이렇게 신라군이 결국 황산벌전투에서 승리한 것은 오로지 화랑 김반굴과 화랑 김관창의 희생에 힘입은 바 컸다. 여기에서 신라 화랑의 설치 유래를 살펴보자.

신라에서 원화(源花)를 폐지하고 화랑을 설치한 것은 김유신이 태어나기 55년 전, 그가 화랑이 되기 40년 전인 진흥왕 즉위년

(540년), 섭정을 맡은 진흥왕의 모후 지소태후(只召太后)의 명에 따라서였다.

화랑의 전신(前身)은 원화다. 원화는 어떻게 해서 생기게 되었는가. 원화의 한 사람이었던 남모공주(南毛公主)는 신라 법흥왕과 백제 동성왕의 딸 보과공주(寶果公主) 사이에서 태어났다.

김남모 공주에게는 남편이 있었다. 진골 김아시(金阿時)의 아들 김미진부(金未珍夫)였다. 그러나 아내 남모공주가 같은 원화인 김준정(金俊貞)의 질투 끝에 살해당하는 바람에 그만 홀아비가 되고 말았다. 그때 미진부의 나이 16세였다. 미진부는 뒷날 제2세 풍월주(風月主)가 된다. 풍월주는 화랑 중의 화랑, 곧 대표 화랑이었다.

김미진부는 법흥왕의 딸인 어머니 삼엽공주(三葉公主)를 따라 매일 궁중에 들어가 법흥왕과 옥진궁주(玉珍宮主) 사이에서 태어난 비대왕자(比臺王子)의 동무가 되어 나날을 보내고 있었다. 미진부는 그렇게 하여 법흥왕의 총신이 될 수 있었다.

신라는 그 무렵 임금을 왕이라고도 했지만, 대제 또는 대왕이라고도 불렀고, 법흥왕 때부터 진덕여왕 때까지는 연호를 세우고 칭제(稱帝)했다.

남모는 진흥왕이 즉위하여 원화제도를 설치하자 삼산공(三山公)의 딸 준정과 나란히 원화에 뽑혀 수백 명의 선화(仙花)를 거느리게 되었다.

그런데 우두머리를 두 명이나 앉힌 것이 화근이었다. 하늘에도 해가 둘일 수 없고, 나라에도 두 임금이 있을 수 없듯이 어떤 조직이든 우두머리가 한 명 이상 있어서는 안 되는 일이었다.

준정은 신분이 자신보다 높은 공주인 남모, 용모도 훨씬 빼어난 남모를 맹렬히 질투했다. 그래서 어느 날 남모를 자기 집으로 초대하여 대접하면서 술을 잔뜩 먹여 대취하게 만들었다. 그렇게 하여 남모공주가 만취하여 정신을 잃고 쓰러져버리자 심복들과 함께 죽여서 질질 끌고 나가 북천 강물에 던져버리고 말았다.

그렇게 남모가 하룻밤 새에 쥐도 새도 모르게 사라져버리자 그녀의 수하 선화들이 울고 불며 사방으로 찾으러 다녔다. 그러나 강물에 빠져 죽은 시체는 쉽사리 떠오르지 않았다.

그런데 세상에 비밀은 없는 법이었다. 그 음모에 가담했던 준정의 수하 선화 한 명이 양심의 가책에 못 이겨 자수를 했던 것이다. 남모공주의 시체도 강물 위로 떠올랐다. 곧 엄격한 조사가 시작되어 전모가 밝혀졌다. 준정과 공모한 일당은 모조리 사형을 당하고 결국 원화제도는 폐지되어버렸다.

그래도 젊은이들을 마냥 제멋대로 풀어놓을 수는 없었다. 그래서 이번에는 꽃같이 젊은 사내들을 모아 단체를 만들어보자 한 결과 나온 것이 화랑제도였다. 화랑은 준군사제도인 소년무사단이었다.

화랑도 처음부터 화랑도라고 부른 것은 아니었다. 처음에는 풍월도라고 불렀다. 그리고 우두머리는 풍월주라고 불렀다. 초대 풍월주에는 법흥왕의 총신이었던 김위화(金魏花), 당대의 절세미녀였던 벽화부인의 남동생 위화가 맡았다.

그리고 풍월주를 보좌하는 제2인자 부제(副第)에는 죽은 남모공주의 남동생 모랑왕자를 임명했다.

이것이 원화제도의 자초지종이며 화랑제도의 출발선이었다.

김유신의 신라군이 그렇게 해서 약속 기일보다 하루가 늦은 7월 11일에 사비성 외곽 백강(白江 : 백마강)가에 이르렀는데, 소정방은 신라군이 약속 기일을 지키지 못했다고 트집을 잡아 군율을 시행한다면서 신라의 독군(督軍) 김문영(金文穎)을 붙잡아서 목을 베려고 들었다. 어디까지나 연합군 사령관에 불과한데 동맹국인 신라군의 군령권까지 행사하려 덤빈 것이다.

69세의 대총관 소정방이 66세의 대장군 김유신에게 기싸움을 걸었던 것이다. 이런 사실을 안 김유신이 칼을 빼들고 벼락같이 화를 냈다.

"소 장군이 황산싸움을 보지 못해서 우리가 늦은 죄를 물으려 하는데, 나는 죄 없이 이런 치욕을 당할 수는 없다! 도저히 참을 수 없구나! 정 그렇다면 내 당나라 군사와 먼저 싸워 시시비비를 가린 뒤에 소부리를 치겠노라!"

그때 소정방의 심복 부하인 우장(右將) 동보량(董寶亮)이 급히 소정방의 발등을 밟으며 말했다.

"대장군, 참으시오! 이러면 신라군이 가만히 있지 않을 거요! 적을 앞두고 아군끼리 싸워서는 아니 되오!"

이에 소정방이 움찔하여 한 발 물러섰다.

"어흠! 내 이번만은 봐주겠다! 다음부터는 기일을 반드시 지키도록 하라!"

그러면서 김문영을 풀어주었다. 소정방은 초장부터 신라군의 기를 꺾어 놓으려다 되레 망신만 당한 꼴이 되었다.

양군이 준비를 가다듬어 막 성을 공격하려는데 백제의 좌평 각가(覺伽)가 달려왔다. 각가는 소정방에게 의자왕이 보낸 국서를 바쳤다. 거기에는 온갖 비루한 언사로 용서를 비는 내용이 담겨 있었다. 소정방은 국서를 한 번 읽고는 휙 집어던졌다.

"흥! 이제 와서 용서를 빌다니! 너무 늦었단 말이다!"

나당연합군은 백제 도성을 향해 진군을 개시했다. 그리고 그 이튿날 드디어 사비성을 포위했다. 다급해진 의자왕이 이번에는 왕자 부여궁(扶餘窮)과 좌평 여섯 명을 소정방에게 보내 용서를 빌었지만 아무 소용없었다.

의자왕은 일단 도성에서 탈출하여 재기의 기회를 엿보기로 했다. 7월 13일 밤에 의자왕은 태자 부여효(扶餘孝)와 근신들만 데리고 몰래 성을 빠져나가 배를 타고 북상하여 곰나루 - 웅진성(熊津城 : 공주)으로 달아났다.

국왕과 태자가 자기들을 버리고 달아났다는 사실을 알자 도성 수비군과 백성들은 일시에 전의를 잃어버리고 말았다. 그들은 분개했다. 모두가 성을 지킬 생각을 버리고 저마다 살 길을 찾아 뿔뿔이 흩어졌다.

이때 의자왕의 둘째아들 부여태(扶餘泰)가 스스로 임금이 되어 혼란을 수습하고 항전을 지휘하려고 나섰다. 그러나 그것도 순조롭지 않았다. 태자 부여효의 아들 부여문사(扶餘文思)가 이런 말로 사람들을 말렸다.

"폐하와 태자께서 모두 안 계신 동안에 숙부가 제멋대로 임금 자리에 앉았으니 이게 말이 되는 일이오? 만약 당군과 신라군이 포위를 풀고 그냥 물러간다면 우리는 모두 역적으로 몰려 죽게 되고 말 것이오!"

그러고는 자신의 추종 세력을 이끌고 성을 타 넘어가 당군에게 항복하고 말았다. 그러자 의자왕의 또 다른 아들 부여융(扶餘隆)은 대좌평 천복(天福) 등과 함께 성문을 열고 항복을 했다.

부여융이 항복을 하자 신라 태자 김법민이 말에 탄 채 다가왔다. 법민은 맨땅에 꿇어 엎드린 부여융의 얼굴에 침을 칵! 뱉고는 소리쳤다.

"이놈아! 예전에 너의 아비가 나의 누이를 죽여 아무렇게나 파묻은 적이 있는데 그것이 20년 동안 내 마음과 머리를 아프게 했다! 이제 너의 목숨은 내게 달린 줄 알아라!"

땅바닥에 꿇어 엎드린 부여융은 아무 대꾸가 없었다.

도성이 함락 당했다는 소식을 들은 의자왕은 더 이상 항거해봐야 소용이 없다는 사실을 깨닫고 7월 18일에 항복했다. 그러나 그 항복도 순순한 항복이 아니었다.

웅진을 근거지로 하여 저항할 생각이었는데 웅진방령 예식진(禰寔進)이란 자가 불복하고 의자왕을 겁박하여 강제로 항복을 시켰던 것이다. 조부와 부친 2대가 좌평을 지낸 예식진은 그렇게 당나라에 항복하여 대장군 벼슬을 하고 호의호식하며 여생토록 잘 살았다.

그렇게 해서 백제는 서기전 18년 온조왕(溫祚王)이 건국한 지 678년 만에 멸망하고 말았다.

의자왕이 마침내 항복했다는 보고를 받은 춘추왕은 그제야 금돌성에서 소부리로 왔다.

8월 2일에 소부리에서 전승축하연이 벌어졌다. 신라의 춘추왕과 태자 법민, 대장군 김유신, 당장 소정방과 주요 장수들이 모두 단 위에 높이 올라가 앉았고, 백제의 의자왕과 왕자들, 여러 명의 좌평과 장수 등 신하들은 그 아래에 모시고 섰다.

"이놈 의자야! 이리 올라와 술을 쳐라!"

단상의 춘추왕이 악을 쓰듯 소리쳤다.

김춘추는 오로지 이 날이 오기만을 일각이 여삼추로 기다려왔던 것이다. 사랑하는 딸 고타소와 사위 김품석이 대야성에서 죽은 이후 원수 갚을 일을 단 하루도 잊지 않았던 것이다.

의자왕은 비틀거리는 걸음으로 단상에 올라가 춘추왕에게 술을 따랐다. 손이 부들부들 떨렸고 쉴 새 없이 눈물이 흘러내려 눈앞이 뿌옇게 흐려졌다.

그 모습을 지켜보는 망국 백제의 왕자와 대신, 장수들도 하나같이 피눈물을 뿌리며 이를 갈았다.

제2장

백제의 광복전쟁

···

　백제 광복군이 나라를 되찾겠다고 무리를 모아 창검을 들고 일어난 것은 나라가 망한 직후부터였다.

　당군은 약탈에 정신이 없었고, 신라군은 보복에 여념이 없었다. 죽어나는 것은 백제 유민들이었다. 우리도 사람이다! 아무리 나라가 망했다지만 하늘 아래 같은 사람으로서 사람을 이렇게 마구잡이로 죽일 수는 없는 일이다!

　수많은 백제 유민이 나당연합군에 대항하여 들고 일어났다. 좌평 부여정무(扶餘正武)는 두시원성에서 백제 부흥의 기치를 들고, 또 달솔 흑치상지(黑齒常之)는 예산 임존성(任存城)에서 백제 광복의 군사를 일으켰다.

　흑치상지는 무왕(武王) 31년(630년)에 태어났으니 백제가 망하던 해에 그의 나이 서른한 살이었다.

　그의 성씨 흑치는 어떻게 비롯되었을까. 흑치씨는 본래 백제 왕족인 부여씨(扶餘氏)에서 갈라져 나왔다. 그러니까 원래는 백제의 왕족이었다. 흑치상지의 증조부는 흑치문대(黑齒文大)이고, 조부는 흑치덕현(黑齒德顯)이며, 부친은 흑치사차(黑齒沙次)로서 모두 달솔 벼슬을 지냈다. 그런데 흑치상지의 증조부 이전 어느 선조가 흑치라는 지역에 분봉되어 이를 성씨로 삼았다.

　흑치라는 지역이 어딘가에 대해 그동안 논란이 많았는데, 연구 결과 흑치는 백제 22개 담로 가운데 하나로서 오늘의 동남아시아 지역, 정확하게는 필리핀 지역으로 비정하는 설이 우세하다.

의자왕의 후손들은 오늘날 부여 서씨(扶餘徐氏)로 남아 있다. 백제 멸망 직후 당나라로 끌려갔던 의자왕의 셋째 아들 부여융(扶餘隆)으로 하여금 당 고종이 그의 성을 부여씨에서 서씨로 고쳐 당나라의 괴뢰정권인 웅진도독부(熊津都督府)의 도독으로 삼아 보낸 이후 부여 서씨의 시조가 되었던 것이다.

일찍이 고운(孤雲) 최치원(崔致遠)이 '고구려와 백제의 전성기에는 강한 군사가 백만 명이나 되어 남쪽으로는 오월(吳越)을 침범했다'고 말했고, 다산(茶山) 정약용(丁若鏞)도 '백제가 삼국 가운데 가장 강성했다'고 말했다. 여기에서 말한 오월은 중국 남부 양자강 하구를 가리킨다.

또 <송서(宋書)>에 따르면 '백제는 요서(遼西)를 경략했는데, 백제가 다스린 곳은 진평군(晉平郡) 진평현'이라 했고, <양서(梁書)>에도 '백제 또한 요서와 진평 2군의 땅을 차지했는데, 백제군을 두었다'고 했다.

백제는 또 탐라(제주도)를 기점으로 하는 원양항로를 개척하여 대만해협과 유구(오키나와)를 거쳐 태국·필리핀 등 동남아 지역과 인도까지 진출했었다.

또 <양서> '백제' 조에 따르면 '읍(邑)을 담로라고 하는데, 중국의 군·현과 같다. 그 나라에는 22개 담로가 있는데, 모두 자제 종족을 그곳에 나누어 거주시킨다.'고 했다. 이는 흑치 지역에 분봉된 흑치상지의 선조가 본래 백제 왕족이라는 사실을 반증하는 것이다.

흑치상지가 어렸을 때 공부할 나이가 되었는데, 곧 <춘추좌씨전(春秋左氏傳)>과 반고의 <한서(漢書)>와 사마천의 <사기(史記)>를 읽고 탄식하며 말하기를, "좌구명(左丘明)이 부끄럽다고 했고, 공자 역시 부끄럽다고 했으니 진실로 나의 스승이다. 이 경지를 넘는다면 무엇이 부족하다고 하겠는가!"라고 했다.

이는 흑치상지가 평생을 무장으로 보냈으면서도 어려서부터 중국의 여러 고전과 역사서를 읽어 그의 학문적 수양이 깊었다는 사실을 일러준다.

흑치상지는 아랫사람을 대하는 데에도 늘 너그럽게 대했다. 어느 날 부하 군사 한 명이 그가 타는 말에게 매질을 가했다. 이 사실을 안 측근이 그에게 벌을 주어야 한다고 말했다. 그러지 흑치상지가 이렇게 대답했다.

"어찌 개인의 말(馬)에 대한 일로 경솔하게 관병을 때릴 수 있으랴"

또 그는 상을 받는 대로 부하들에게 모두 나누어주고 남겨놓은 것이 없었다. 그리고 전쟁터에서는 늘 부하 장병들과 침식을 같이 하니 부하들이 모두 그를 친아버지나 친형처럼 따랐다.

그는 어려서부터 사나이답고 포부가 담대했으며, 정신이 영민하고 빼어났다. 또한 명분을 무겁게 여겼고, 처신이 침착했다. 힘은 능히 무거운 것을 들 수 있었지만 힘 좋다고 자랑하지 않고, 지혜로웠지만 남들에게 알려지기를 원하지 않았다.

흑치상지가 성년이 될 무렵은 무왕이 재위 42년 만에 죽고 그의 뒤를 이어 백제의 마지막 임금인 의자왕이 즉위한 지 9년째 되던 해였다.

백제를 멸망시킨 당과 신라는 그 땅을 통치하기 위해 행정구역을 개편했다. 멸망 직전까지 백제는 5방 37군 200여 성 76만 호였는데, 이를 웅진·마한·동명·금련·덕안 등 5개 도독부로 나누고, 그 아래 주와 현을 예속시켰다.

하지만 이런 조치, 곧 백제를 5개 도독부로 분할하여 통치한다는 구상은 망국 직후부터 들불이나 산불처럼 맹렬한 기세로 일어난 백제광복군에 의해 이내 유명무실해지고 만다.

망국 당시 풍달군장이던 흑치상지는 국왕의 항복에 따라 자신의 세력을 이끌고 당군에 항복했다. 그런데 소정방이 늙은 의자왕을 가두고, 당나라 군사들이 무지막지하게 살인·방화·강간 등 약탈행위를 마구 저지르자 이에 분개하여 곧 항복한 것을 후회했다.

8월 2일 사비성에서 벌어진 나당연합군의 전승축하연 때 의자왕이 당한 수모와 치욕을 흑치상지도 분명히 목격했다. 그는 부하들을 이끌고 사비성을 빠져나와 자신의 임지인 풍달군, 오늘의 충남 예산군 대흥면 대흥산성인 임존성으로 달려갔다.

풍달군으로 귀환하는 도중에 소식을 들은 많은 장정이 흑치상지의 뜻에 호응하여 그의 휘하에 모여들었다. 흑치상지가 임존성에 자리 잡고 백제 유민들을 불러 모으니 불과 열흘 만에 무려 3만 명이 찾아왔다.

임존성은 사비성과 웅진성에서도 가깝고, 성벽이 튼튼하며, 성 안에 우물이 세 개가 있어서 적의 공격으로부터 수비하기 좋은 전략적 요충이었다.

소정방은 백제 유민들이 임존성을 거점으로 삼아 광복운동을 전개한다는 보고를 받자 초기에 싹을 잘라버려야겠다고 작정했다. 그래서 군사를 이끌고 임존성으로 향했다.

나당연합군은 8월 26일부터 임존성을 공격했으나 성은 요지부동이었다. 그런데다 연합군은 군량도 부족했다. 며칠이 지나도 성을 함락할 기미가 보이지 않자 연합군은 임존성에서 말머리를 돌려버렸다. 그렇게 해서 백제광복군은 군사를 일으킨 뒤 처음으로 승리를 거둘 수 있었다.

흑치상지가 임존성에서 나당연합군을 물리쳤다는 소식은 발 없는 말을 타고 금세 백제 전역으로 퍼졌다. 사람들은 항복을 다시 생각하게 되었다. 그렇게 쉽사리 항복한 것이 잘못이라는 생각도 들었다. 항복한 성들이 다시 성문을 닫아걸고 항전을 준비했다.

그렇게 광복전쟁에 나선 성이 금세 200개 성으로 늘어났다. 200개 성이면 백제의 거의 대부분이었다.

소정방은 당황했다. 이러다가는 항복을 받아 포로로 잡은 의자왕과 백제 왕족과 대신, 장수들까지 백제광복군에게 다시 빼앗길지도 몰랐다.

9월 3일에 소정방은 의자왕과 태자 부여효를 비롯한 왕자 13명, 대신 88명, 그리고 백성 1만2807명을 이끌고 서둘러 서해 바다를 건너갔다.

소정방이 의자왕을 비롯한 백제 포로를 이끌고 바다를 건너간 이후 당의 낭장(郎將) 유인원(劉仁願)이 군사 1만 명으로 소부리성을 지키자 신라에서는 왕자 김인태(金仁泰)가 사찬 김일원(金日原)과 급찬 김길나(金吉那)와 함께 군사 7000명으로 소부리에 주둔했다.

흑치상지가 서전에서 승리하여 광복군의 기세를 올리기는 했으나 그래도 구심점이 없었다. 절대왕권시대에 지도자로 내세울 왕족이 한 명이라도 있어야 했는데 모두가 당나라로 끌려가버리고 없었던 것이다.

그럴 때 의자왕의 사촌아우인 부여복신(扶餘福信)이 광복전쟁에 뛰어들었다. 마침내 왕족이 나서자 수많은 유민의 그의 깃발 아래 모여들었다. 부여복신은 옛 도성인 사비성부터 탈환하려고 했다.

의자왕이 항복한 지 두 달이 조금 지난 그해 9월 23일 부여복신은 사비성을 포위하고 공격을 개시했다. 유인원이 지휘하는 당군과 김인태가 이끄는 신라군도 방어에 죽을힘을 다했다. 만일 사비성이 함락당하면 모두가 꼼짝없이 죽을 목숨이기 때문이다.

부여복신은 백마강 건너 왕흥사에 주둔하면서 사비성을 남북으로 포위하여 맹렬한 공격을 퍼부었다.

한편, 소정방이 개선하자 당 고종 이치는 좌위중랑장 왕문도(王文度)를 웅진도독으로 삼아 백제로 보냈다. 명칭은 웅진도독이지만 웅진은 백제 광복군의 저항이 거세므로 부임하지 못하고 처음엔 치소(治所)를 소부리에 두었다.

왕문도는 9월 28일 삼년산성(충북 보은)에서 신라왕 김춘추를 불러 황제의 조서를 전하려고 했다.

왕문도는 삼년산성에서 동쪽을 향해 섰고, 춘추왕은 서쪽을 향해 섰다. 막 문서를 전달하려는 순간, 변고가 일어났다. 왕문도가 갑자기 온몸을 부들부들 떨더니 입에서 피를 한 되나 토하고 죽어버렸다. 참으로 해괴한 일이 벌어졌던 것이다.

행사는 수행원들이 서둘러 끝낼 수 있었으나 춘추왕은 가장 시급한 일이 백제 부흥군의 기세를 꺾는 일이라고 생각했다. 신라의 입장에서는 행사라는 것이 참으로 우습지도 않은 일이었다. 천신만고 끝에 멸망시킨 백제와 정복자인 신라가 동등한 자격과 대등한 위치에서 회맹을 한다는 것이 당키나 한 노릇인가! 이 모두 옛 백제 땅을 직할영토로 삼으려는 당의 음흉한 속셈애서 나온 작태였던 것이다.

10월 30일 춘추왕은 군사를 이끌고 사비성 바깥의 백제 부흥군을 공격했다. 때마침 성안에서도 유인원이 쫓아 나와 협공을 퍼부었다. 전후 열흘 동안 벌어진 이 싸움에서 백제 광복군은 2000여 명이 전사하는 패배를 기록하고 퇴각했다.

부여복신은 패전한 군사를 이끌고 흑치상지가 지키고 있는 임존성으로 찾아갔다.

그 이듬해 661년 2월에 춘추왕은 백제 부흥군의 기세가 자못 강성하자 이찬 김품일(金品日)을 대당장군(大幢將軍)으로 삼아 대부대를 이끌고 백제 땅으로 가서 이를 진압토록 했다.

이 부대에는 왕자 김문왕(金文王), 화랑 출신인 대아찬 김양도(金良圖), 항복한 백제 좌평 부여충상(扶餘忠常) 등이 보좌역이 되고, 잡찬 김문충(金文忠)이 상주장군, 아찬 김의복(金義服)이 하주장군이 되어 출전했다.

3월 5일 김품일은 백제의 두량윤성에 이르러 진터를 둘러보았다. 그때 흑치상지가 이끄는 백제 광복군이 불시에 신라군을 급습했다. 미처 진영을 세우기도 전에 공격을 당한 신라군은 개미떼처럼 흩어져 패했다.

3월 12일에 김품일은 군사를 정돈하여 고사비성 밖에 진을 치고 두량윤성을 공격했으나 이후 한 달 엿새가 지나도록 백제군을 이기지 못했다.

4월 19일에 김품일이 할 수 없이 군사를 되돌렸다. 자신의 대당서당이 앞에 서고, 하주군은 뒤를 맡겨 빈골양을 지나다가 또다시 백제군의 공격을 받아 참패했다.

춘추왕이 패전 보고를 받고 김유신의 아우인 장군 김흠순(金欽純)을 비롯하여 김죽지(金竹旨)·김진흠(金眞欽)·김천존(金天存) 등으로 하여금 군사를 이끌고 가서 구원토록 했다. 화랑 출신인 사찬 김시득은 그때 장군 김죽지의 부하 장수로 두 번째로 백제 땅으로 출전했다.

김시득은 원래 대화랑 김죽지의 낭도였다. 시득이 화랑이 된 것은 그의 나이 열여섯 살 때였다. 그렇게 화랑이 되어 무술을 닦다가 김죽지의 당(幢 : 부대)에 들어가 전공을 세워 비장이 되고 죽지를 따라 백제 원정군으로 출정하게 되었던 것이다.

시득이 모신 죽지의 부친은 역시 화랑 출신인 김술종(金述宗)인데, 술종이 삭주(강원도 춘천)의 도독으로 부임하는 길이었다. 당시는 삼국이 첨예하게 대치 중이었으므로 군대의 호위를 받으며 임지로 가는데 죽지령(죽령)에 이르렀을 때였다. 비범하게 생긴 거사(居士) 한 사람이 혼자서 산길을 닦고 있는 모습이 보였다.

김술종이 거사의 비범한 모습에 속으로 찬탄했고, 거사 또한 술종의 늠름한 자태를 보고 말없이 찬탄했다. 그렇게 서로 말없이 헤어져 술종은 임지에 부임했다.

그러고 한 달쯤 지난 뒤 어느 날 밤 꿈에 그 거사가 방 안으로 걸어 들어오는 모습을 보게 되었다. 이튿날 아침에 부인에게 그 꿈 이야기를 하자 공교롭게 부인도 그와 똑같은 내용의 꿈을 꾸었다는 것이 아닌가.

이를 신기롭게 여긴 술종이 죽지령으로 사람을 보내어 알아봤더니 그 거사가 마침 며칠 전에 죽었다고 했다. 그런데 그가 죽었다는 날이 자신과 아내가 그 거사를 꿈에서 만난 바로 그날이었다.

술종은 그 거사가 자신의 아들로 환생할 것으로 믿었다. 그래서 부하들을 죽지령으로 보내 죽은 거사를 죽지령 위 북쪽 기슭에 장사 지내게 하고 돌미륵을 하나 만들어 무덤 앞에 세워주도록 했다.

술종의 부인은 그 꿈을 꾼 뒤 과연 태기가 있어 달이 차자 사내아이를 낳았다. 술종은 거사를 만났던 고개 이름을 따서 아이의 이름을 죽지라고 지었다.

김죽지는 자라서 화랑이 되었고, 장수가 되어서는 김유신의 휘하에서 많은 전공을 세웠다.

신라가 군사를 증원하자 백제군은 일단 물러갔다. 그러나 백제군은 부여복신과 흑치상지가 중심이 되어 예산 임존성을 거점으로 하여 수만 명으로 군세를 불렸다.

또 부여자진(扶餘自進)은 웅진성에서, 승려 출신인 도침(道琛)은 주류성(전북 부안)을 기반으로 각각 수만 명의 군사를 일으켰다.

하지만 백제 광복군은 좀 더 신분이 높고 명망 있는 왕족이 우두머리로 필요했다. 그래서 일본에 건너가 있는 의자왕의 아들 부여풍(扶餘豊)을 모셔오기로 했다.

부여복신은 좌평 귀지(貴智)에게 그동안 사로잡은 당군 포로 100명을 끌고 왜국으로 건너가 백제의 사정을 알리고 군사적 지원을 요청토록 하는 한편 부여풍의 귀국을 당부했다.

그러자 신라는 군사작전과 더불어 백제에 대해 유화작전도 펼쳤다. 항복한 백제의 좌평 부여충상과 부여상영(扶餘常永), 달솔 부여자간(扶餘自簡)에게 신라의 제7품관인 일길찬 벼슬을 주고, 은솔 무수(武守)와 인수(仁守)에게는 제10품관인 대내마 벼슬을 주고 광복군 진압에 앞장서게 했다.

그러나 백제 광복군의 공격은 집요하게 이어졌다. 복신과 도침은 연합하여 또다시 사비성을 포위 공격했다.

당 고종은 사비성에 포위된 당군을 구원하기 위해 죽은 왕문도 대신 유인궤(劉仁軌)를 검교대방주자사로 임명하여 보냈다. 유인궤는 서해를 건너 금강 하구에서 상륙하려 했으나 부여복신이 강어

귀에 목책을 설치하여 그의 상륙을 막았다. 또 한편 도침은 사비성을 포위하여 유인궤와 사비성 안의 당군이 합류하는 것을 막았다.

유인궤는 신라군과 합세하여 가까스로 사비성에 들어갔고, 부흥군은 많은 희생자를 낸 끝에 물러나 임존성으로 들어갔다.

그 뒤 당군은 웅진도독부를 사비성에서 웅진성으로 옮겼다. 그런 다음 그때부터 끊임없이 신라에 군량을 대라, 군복을 달라, 지원군을 보내라 귀찮게 졸라댔다.

662년 5월에 왕자 부여풍이 왜국에서 귀국했다. 광복군은 부여풍을 임금으로 받들고 투쟁을 계속했다. 그러나 그해 7월에 나당연합군에게 대패하고, 12월에는 본거지를 주류성에서 오늘의 전북 김제 땅인 벽성으로 천도했다.

661년 6월에 춘추왕이 죽고 그 아들 법민이 뒤를 이었다. 문무왕 김법민은 태종무열왕 김춘추가 왕위에 오르기 전에 낳은 아들이다. 모친은 김유신의 막내 누이동생인 김문희(金文姬), 곧 문명왕후(文明王后)이다.

김법민의 출생에는 이런 사연이 있었다.

그의 부친 김춘추는 진평왕(眞平王) 26년(604년)에 폐위당한 진지왕(眞智王)의 둘째아들 김용춘(金龍春)과 진평왕의 맏딸이며 선덕여왕(善德女王)의 언니인 천명공주(天明公主) 사이에서 태어났다.

김춘추가 선덕여왕 11년(642년) 가을에 고구려를 방문한 것은 단순히 이웃나라 간의 친선을 도모하기 위해서가 아니었다. 백제를 칠 군사를 급히 빌리기 위해서였다.

그런 절박한 이유가 있었기 때문에 광개토태왕(廣開土太王)과 장수태왕(長壽太王)이 고구려를 다스리고, 신라가 고구려의 속국처럼 죽어지내던 실성이사금(實聖尼師今) · 눌지마립간(訥祗痲立干) 때로부터 근 100년 만에 첫 사행(使行) 길에 올랐던 것이다.

그러면 김춘추는 무슨 까닭에 백제를 치려고 했던가. 원수를 갚기 위해서였다. 백제 의자왕의 공격으로 딸과 사위가 죽었기 때문이다. 그 딸은 김춘추의 첫 부인 보량궁주(寶良宮主)의 소생 고타소(古陀炤), 사위는 화랑 출신 김품석(金品碩)이었다.

김춘추는 젊은 시절, 그러니까 그의 나이 22세 때 금관가야(金官伽倻) 출신 진골(眞骨)인 김유신의 작은누이 문희와 몰래 상관하여 임신을 시킨 적이 있었다. 하지만 김춘추에게는 이미 정부인인 보량이 있어서 이 오입사건을 어떻게 수습해야 할지 난감하기 그지없었다.

김춘추는 몰락한 왕손이었다. 폐위된 진지왕의 둘째아들인 김용춘의 아들이었다. 그런데 그때는 생부인 김용춘이 이미 죽고 없기에 백부인 김용수(金龍樹)와 생모인 천명공주와 함께 살고 있었다. 왜냐하면 김용춘이 죽기 전에 부인과 아들을 모두 형에게 부탁했기 때문이었다.

김춘추에게는 이미 처자식이 있었지만 걸핏하면 찾아와 문희를 품었다. 그렇게 몇 달이 지나자 문희는 결국 춘추의 아이를 배고 말았다. 그러자 문희의 오라비 김유신이 마치 이런 일을 기다리고나 있었다는 듯이 문희를 불태워 죽이겠다고 펄펄 뛰며 나섰다. 김유신은 마당에 장작을 잔뜩 쌓아놓고 그 위에 문희를 묶어서 올려놓고 정말로 불을 질렀다.

그런데 공교롭게도 그날 덕만공주(德蔓公主 ; 나중의 선덕여왕)가 측근들을 거느리고 남산에 올라가 놀다가 김유신의 집에서 연기가 피어오르는 것을 보게 되었다. 공주가 좌우를 둘러보며 물었다.

"아니, 저기 저것이 무슨 연기냐? 누구네 집에서 불이 났느냐?"

그러자 내막을 이미 알고 있던 측근 한 명이 이렇게 아뢰었다.

"아마도 풍월주(風月主) 김유신이 제 누이를 태워 죽이려는 모양입니다."

"아니, 그게 무슨 황당한 소리냐? 유신이 어째서 제 누이를 태워 죽인단 말이냐?"

"누이가 시집도 안 갔는데 아이를 뱄다고 합니다. 유신이 그래서 누이를 태워 죽이겠다고 합니다."

덕만공주는 김유신이 이런 소동을 벌이는 데에는 틀림없이 무슨 곡절이 있고, 또 일부러 그 사연을 세상에 널리 알리기 위해 시위를 벌이고 있는 줄 짐작했다. 그래서 주위에 대고 이렇게 물었다.

"이게 어느 놈 때문에 벌어진 난리냐?"

그때 마침 측근에서 모시고 있던 김춘추의 얼굴이 금세 벌게졌다. 공주가 이렇게 말했다.

"네가 한 짓이구나! 얼른 달려가서 구해주지 않고 뭐하느냐?"

김춘추가 말을 달려가 김유신에게 싹싹 빌고 결국은 문희를 작은부인으로 맞아들였다. 그리고 얼마 뒤에 정부인 보량궁주가 딸 고타소를 낳다가 죽자 문희를 정실부인으로 삼았다. 그렇게 해서 문희가 그해가 바뀌기 전에 첫아들을 낳으니 그가 바로 김법민이었다.

한편 김춘추의 전처 보량궁주가 낳은 딸 고타소는 자라서 화랑 김품석에게 시집갔는데, 품석이 대야성 도독으로 부임할 때 따라갔다가 백제군의 공격으로 성이 함락 당하자 남편과 함께 죽었던 것이다.

김유신과 김문희 집안, 가야 왕족의 후손으로 새로 신라의 진골로 편입된 그들 집안을 가리켜 당시 사람들은 '신김씨(新金氏)'라고 불렀다. 망명 집단에 불과했던 신김씨를 신라의 명문가로 끌어올린 주역은 김유신이었다.

사실 김유신이 젊은 시절에 일찍 출세하지 못한 까닭도 신라의 정통 귀족이 아니라 가야계라는 출신성분이 불리하게 작용했기 때문이었다.

김유신의 조부는 김무력(金武力). 법흥왕(法興王) 때 신라에 항복한 가야의 마지막 임금 구충왕(仇衝王)의 아들이다. 김무력은 진흥왕(眞興王)의 딸 아양공주(阿陽公主)를 부인으로 맞아 김서현(金舒玄)을 낳고, 김서현은 만호태후(萬呼太后)의 딸 만명부인(萬明夫人)을 맞아 김유신·김흠순·김보희·김문희 4남매를 낳았다.

처음에 김서현이 길에서 갈문왕(葛文王) 김입종(金立宗)의 아들인 숙흘종(肅訖宗)과 만호태후의 딸 만명을 보고 마음에 들어 서로 사랑하게 되었다.

그 뒤 김서현이 만노군(충북 진천) 태수가 되어 만명을 데리고 가려 하니 숙흘종이 그제야 자기 딸이 서현과 야합한 줄 알고 미워하여 집에 가두고 사람을 시켜 지키게 했다. 그러자 갑자기 대문에 벼락이 쳐서 지키던 자가 놀라 정신을 차리지 못할 때 서현이 구출하여 함께 만노군으로 달아났다.

김유신은 그렇게 하여 진평왕 17년(595년)에 만노군에서 태어났던 것이다. 김유신은 자라면서 자신이 신라 왕족 만호태후의 핏줄을 이어받은 것을 매우 자랑스럽게 생각했다.

김유신이라고 해서 처음부터 영웅호걸은 아니었다. 그에게도 분별력이 미숙하고 의지가 나약한 소년시절, 술에 취하고 미인에게 마음을 빼앗긴 채 방황하던 청춘시절이 있었다.

젊은 김유신의 고민은 어디에서 나왔을까. 그것은 망국 가야의 후예라는 출신성분에 따른 차별대우에서 비롯되었다. 비록 아버지 김서현은 가야 왕족의 후손이고, 어머니 만명부인(萬明夫人)은 신라 왕족이라고는 하지만, 가야 출신이란 이유로 좀처럼 신라 정계의 핵심부에는 들어설 수 없었기 때문이다.

김유신이 나중에 신라의 대표적 명장이 된 데에는 본인의 자질이 뛰어나고 힘써 노력한 덕분도 있었지만, 어린 시절부터 그를 잘 키워주고 이끌어준 양친 부모와 외할머니 만호태후, 그리고 유명한 선배 화랑들 덕분이라고 할 수 있다.

그런데 은인은 이들뿐만이 아니었다. 김유신의 출세 이면에는 한 가련한 여인의 희생도 숨어 있었다. 그 여인이 바로 천관녀(天官女)이다.

전설 가운데는 천관녀가 술을 팔고 웃음을 파는 천한 기생이었다는 이야기가 있지만 이는 전혀 사리에 맞지 않는 소리다. 우리나라에서 기생이 생긴 것은 고려 때였으니 신라 때 기생이란 직업여성이 있었다고 볼 수는 없기 때문이다.

천관녀의 신분은 과연 무엇이었을까. 사실 천관은 그녀의 이름이 아니다. '천'이 성씨도 아니고, '관'이 이름도 아니다. 끝의 글자 '녀'는 그저 여자라는 뜻 말고는 다른 의미가 없다. 천관녀는 신궁(神宮)에서 제사를 주관하는 천관(天官), 즉 신관(神官)의 딸이었다. 요즘 식으로 말하자면 무당의 딸이었다. 천관녀란 이름은 낙랑공주(樂浪公主)가 낙랑국 임금의 딸, 평강공주(平岡公主)가 평강왕의 딸이란 뜻과 같이 천관의 딸이란 뜻이다.

결과적으로 천관녀의 이루지 못한 사랑의 비극은 그녀의 출신

성분에서 비롯되었다.

신라는 법흥왕(法興王)이 불교를 공인하기 전까지는 조상전래의 종교인 무속을 신봉하고 있었다. 신라에서는 이 무교(巫敎)의 이름을 신도(神道) 또는 풍류도(風流道)라고 했는데, 원화(源花)에 이은 화랑도가 바로 이 풍류도에서 나왔다.

불교가 처음에는 많은 박해를 당했으나 이차돈(異次頓)의 고귀한 순교를 계기로 공인받게 된 이유도 알고 보면 이 신도의 위세가 그때까지는 매우 강했기 때문이다.

신라의 신궁은 소지마립간(炤知麻立干) 9년(487년)에 시조 박혁거세거서간(朴赫居世居西干)의 탄강지인 양산 기슭 나정 옆 내을(奈乙)에 세우고 하늘에 제사를 올리거나 나라의 큰일을 고하거나, 또는 왕족들의 혼인을 치르던 성소(聖所) - 성전(聖殿)이었다.

당대 신라에서 사내 중의 사내는 화랑, 화랑 중의 화랑은 풍월주였다. 김유신이 화랑이 된 것은 그의 나이 15세 때인 진평왕 34년(612년). 사람들은 그가 거느린 낭도를 가리켜 '용화향도(龍華香徒)'라고 불렀다. 용화란 불교에서 내세불(來世佛)인 미륵불이 출현하여 세우는 새 세상을 뜻하니, 김유신은 미륵불 사상을 화랑도 수련의 이상형으로 삼았던 것이다.

신라에서 원화를 폐지하고 화랑을 설치한 것은 김유신이 화랑이 되기 72년 전인 진흥왕 즉위년(540년), 섭정을 맡은 진흥왕의 모후 지소태후(只召太后)의 명에 따라서였다.

화랑 김유신이 제15세 풍월주가 된 것은 18세 때였다. 그리고 그해에 외할머니 만호태후의 명에 따라 장가를 들었다. 신부는 제11세 풍월주를 지낸 김하종(金夏宗)의 딸 영모(令毛). 하종은 진흥왕의 이복동생인 김세종(金世宗)과 화랑도의 대모(代母)라고 할 수 있는 미실궁주(美室宮主)의 아들이다.

김유신이 천관녀를 만난 것은 영모와 혼인하기 전이었다. 유신은 진평왕 즉위 전에 황음무도하다는 이유로 폐위당한 진지왕의 아들 김용춘과 친밀하게 지냈고, 용춘의 부탁으로 자신보다 나이가 아홉 살 어린 그의 아들 김춘추의 후견인이 되었다.

김유신은 왕족인 김용춘 부자와 함께 낭도들을 거느리고 경치 좋은 곳을 찾아다니다가 어느 날 내을신궁의 행사에 참석했고 천관녀를 만나서 첫눈에 반했던 것이다.

유신이 자신을 따르는 수백 명의 용화향도를 버려둔 채 중악 산중에 입산했다가, 다시 인박산 석굴에 들어가서 3년 동안이나 홀로 수도하게 된 것은 오로지 천관녀 때문이라고 해도 지나친 말이 아니다. 김유신과 천관녀는 하루도 못 만나면 죽고 못 사는 뜨거운 사이였다. 한 번 불붙어 타오르기 시작한 청춘의 불길이 너무나 뜨거워 아무도 그 불을 끌 수가 없었다.

그때 유신의 아버지 김서현은 고구려를 막기 위해 북부전선에 나가 있었고, 집에는 어머니 만명부인과 세 살 터울인 아우 흠순(欽純), 그리고 훨씬 나이 어린 보희(寶姬)와 문희(文姬) 두 누이동생이 있었을 뿐이다.

유신이 밤늦게 집안으로 들어서니 그때까지 잠자리에 들지 않고 기다리던 어머니 만명부인이 불러 앉히더니 이렇게 말문을 열었다.

"너는 아버지가 집에 안 계신다고 이 어미를 무시하는 거냐?"

"아니요! 천만의 말씀입니다!"

"너도 잘 알다시피 네 할아버지와 아버지는 가야 출신이지만 여러 차례 고구려와 백제군을 물리쳐 나라 안에서 유명한 장수가 되지 않았느냐? 이 어미는 네가 하루빨리 큰 공을 세우고 이름을 떨치는 걸 보고 죽는 것이 소원이구나. 내가 더 늙으면 너한테 의지하고 살아야 할 텐데 요즘 네가 하고 다니는 꼴을 보면 참으로 한심하기 그지없으니 장차 이 일을 어쨌으면 좋겠느냐? 너는 저 어린 동생들 보기가 부끄럽지도 않느냐?"

"어머니, 갑자기 무슨 말씀을 그렇게 심하게 하십니까? 제가 뭘 어쨌다고요?"

"낮말은 새가 듣고 밤말은 쥐가 듣는다 했는데 내가 모를 줄 알고 오리발을 내미느냐? 네가 요즘 신궁의 천한 여식한테 폭 빠져 갖고 죽고 못 사는 사이라고 소문이 짜하게 났더구나! 그럼 이 어미는 눈뜬 봉사에 귀머거린 줄 알았더냐? 한심해라 한심해! 나는 밤낮으로 네가 가문을 빛내기만 바라고 있는데 너는 가시나 궁둥이에 쏙 빠져갖고 무골충이처럼 팔다리가 흐물흐물해서 다니고 있으니 기막힌 노릇이 아니고 뭐냐? 으흐흑!"

그러더니 어머니는 마침내 치맛자락을 들어 눈물을 훔치는 것이었다. 유신이 국면 전환을 노리고 마지막 반격을 시도했다.

"어머니, 제 나이도 이제 열다섯 살이 넘었으니 그만 장가를 보내주세요! 저는 그 처자를 색시로 삼고 싶어요!"

"턱도 없는 소리!"

"?"

"너는 이제 아무 여자하고 함부로 혼인할 수 없는 거라!"

"어째서요? 서로 마음에 들어 정을 주고 사랑하면 되는 거지 왜 혼인을 못 해요? 저는 그 처자를 가시(아내)로 삼기로 하마(벌써) 약속을 했어요."

"안 된다! 네 색시가 될 처자는 하마 정해져 있는 거라! 영모란

아가씬데, 대왕폐하께서 끔찍하게 총애하시던 미실궁주의 손녀딸이라 하더라. 그 처자하고 혼인해야만 네 앞길이 훤하게 열릴 거다. 알아듣겠나?"

"그러면 오로지 출세를 위해서 진정한 사랑을 희생하란 말씀인가요?"

"그런 해석은 네 맘대로 하고…. 좌우간 앞으로 그 처자는 절대로 만나서는 안 된다. 알아들었나? 만일 이 어미 말을 거역한다면 너와 나는 앞으로 다시는 볼 일이 없을 줄 알아라. 내 더는 말하고 싶지 않구나! 그만 네 방으로 건너가 봐라!"

그날 밤 유신은 다시는 천관녀를 만나지 않겠다고 어머니한테 맹세를 하고 정말로 다음 날부터는 천관녀의 집에 발길을 뚝 끊어버리고 말았다.

그러고는 낭도들과 더불어 산으로 들로 누비고 다니고, 또 멀리 강과 바닷가도 찾아다니며 심신을 연마하고 무술을 수련하는 데에 온 힘과 정성을 다했다.

유신이 그렇게 갑자기 소식 한 마디 없이 발길을 끊어버리자 천관녀는 처음에는 걱정이 되었다. 혹시 어디 병이라도 난 것이 아닐까. 아니면 무슨 사고라도 당한 걸까. 그렇게 며칠을 혼자서 끙끙 애를 태우면서 사랑하는 님을 기다렸으나 이미 변심하고 발길을 돌린 화랑 김유신은 다시는 그녀의 품으로 돌아올 줄을 몰랐다.

천관녀는 먼발치에서 그리운 유신의 모습이라도 보고 싶은 생각에 그의 집 근처로 찾아가보기도 하고, 용화향도들이 수련하는 곳을 물어 물어서 찾아가 보기도 했지만 유신은 본 척도 하지 않았고, 그의 곁에 가까이 다가갈 수도 없었다.

그렇게 나날과 다달이 흐르는 물살, 시위를 떠난 날살처럼 인정

사정없이 흘러갔다. 유신이 발길을 끊은 지 이미 한 달이 넘고 두 달이 지났다.

그리움에 겨워 열병이 난 천관녀는 수십 차례나 여종을 시켜 유신의 집으로 편지를 보냈지만 그의 집에서는 편지를 받아주지도 않고 계속해서 여종을 쫓아 보냈다. 그리고 나중에는 또다시 이따위 편지를 가지고 오면 다리몽둥이를 분질러 버리겠노라고 위협까지 했다.

아아, 이 일을 장차 어쩌면 좋을까! 천관녀는 식음을 전폐하고 자리에 드러눕고 말았다. 그저 그리움과 괴로움을 죄다 잊고 죽어 버리고만 싶었다.

그러던 어느 날, 운명의 날이었다.

그날도 천관녀는 마당을 서성거리며 혹시나 님이 오실까 하염없이 애태우며 유신을 기다리고 있었다. 어느새 해가 서산 너머로 떨어지고 사위에 어둠이 깔리기 시작했다.

그때였다.

"아씨! 저기 좀 보세요!"

하는 여종의 놀란 외침소리에 천관녀는 번쩍 눈을 뜨고 대문 밖을 내다보았다. 그리고 다음 순간, 자신의 눈을 의심했다. 그토록 애타게 그리던 님, 꿈에도 그리던 화랑 김유신이 마상에 올라앉은 채 대문 앞에 우뚝 서 있는 것이 아닌가.

"하이고, 내가 못 산다니까!"

천관녀는 신발이 벗겨지는 것도 모른 채 허둥지둥 문밖으로 달려 나가며 기쁨에 겨워 마구 부르짖었다.

"하이고, 내 사랑하는 공자님! 유신 화랑님! 마침내 돌아오셨네요!"

"그동안 어찌 소식 한 마디 없었는지요?"

쉴 새 없이 푸념을 연발하며 천관녀는 유신에게 달려가 말고삐를 잡았다. 그런데 자세히 보니 김유신은 말 위에 올라앉은 채 졸고 있었다. 술이 얼마나 취했는지 말 등에 앉은 채 잠이 드는 것도 몰랐던 것이다.

유신이 고삐를 당겨 방향을 지시하지 않고 꾸벅꾸벅 졸기만 하자 애마가 알아서 옛 연인 천관녀의 집으로 주인을 데려다 준 것이었다.

"어마마! 자면서 말을 타고 오시다니! 참말로 우리 공자님은 재주도 용하시네요!"

그런데, 그 다음 순간이었다.

천관녀와 계집종의 호들갑에 잠이 달아나 정신을 차린 유신이 눈을 번쩍 뜨고 주위를 둘러보았다. 그리고 천관녀를 바라보더니 머리를 흔들면서 말에서 뛰어내렸다. 그러고는 이렇게 애마를 꾸짖었다.

"예라, 이 천하에 못난 짐승아! 아무리 말 못 하는 미물이라지만 이렇게도 주인 맘을 몰라줄 수가 어데 있는가 말이다!"

그렇게 버럭 소리치더니 허리에서 장검을 빼어들었다. 그리고 인정사정없이 애마의 목을 내려치는 것이었다. 세상에 이럴 수가!

더욱 놀라운 일은 그 다음에 벌어졌다. 그렇게 말의 목을 친 유신이 값비싼 은안장도 내버려둔 채 온다 간다 말 한 마디 없이 몸을 돌이켜 휘적휘적 걸어가 버리는 것이었다.

"공자님!"

"보소! 어찌 그냥 가십니까?"

천관녀와 여종이 뒤따라가며 아무리 애달프게 목 터지게 소리쳐 불렀지만 유신은 들은 척도 하지 않고 뒤돌아보지도 않았다.

천관녀는 그만 길바닥에 주저앉아 엉엉 서러운 통곡을 뽑아내기 시작했다.

김유신이 마지막으로 천관녀를 찾아온 것은 그로부터 며칠 뒤였다. 유신은 크나큰 충격에 넋을 놓고 드러누운 천관녀에게 이렇게 말했다.

"내 다시는 네 앞에 나타나지 않으려고 작정했지만, 사내대장부가 말 한 마디 없이 사라져버리는 것도 옹졸한 짓 같기에 마지막 작별인사를 하려고 이렇게 찾아왔구나."

천관녀가 억지로 몸을 일으켜 앉아 서글프게 웃으며 간신히 입을 열었다.

"공자님, 속으로 조마조마 걱정하던 일이 기어코 터졌네요! 우리 사랑이 결국은 이렇게 끝나고 마네요! 우리 인연이 겨우 여기까지밖에 안 되는 모양이지요?"

"내가 입이 열 개라도 너한테 할 말이 없구나. 부모님께서 이미 내 혼처를 정해놓았으니 어쩔 수가 없게 됐지 뭐냐!"

"마지막으로 한 마디만 여쭤보겠어요. 그렇다면 첩의 자리라도 좋으니 이년을 데리고 가실 수가 없으신지요?"

방바닥이 꺼져라 한숨을 내쉬더니 유신이 고개를 가로저었다.

"무조건 미안하구나! 이제는 내 힘으로 어쩔 수가 없구나! 네 행복만 진심으로 빌어주겠다!"

"나보고 행복하라고요? 버림받은 천한 년에게 무슨 행복이 찾아올 건데요? 빈 말씀이라도 그런 터무니없는 말씀은 거두어주세요! 첩으로 데리고 살려고 해도 지체 높으신 본부인 눈치 때문에 도저히 안 되겠지요?"

"…"

"공자님, 이 년의 뱃속에 있는 아이는 그럼 어떻게 하면 좋겠습니까?"

"…"

천관녀는 설움에 못 이겨 통곡하다가 마침내 그 자리에 맥없이 쓰러져버렸다. 유신이 그녀의 어깨를 껴안고 달랬다. 아무 말도 더 필요 없었다. 유신은 한없이 흐느껴 우는 천관녀를 방 안에 두고 조용히 일어나서 밖으로 나섰다. 그러고는 그녀의 곁을 영영 떠났다.

그날 이후 서라벌에서 천관녀의 모습을 본 사람은 아무도 없었다.

김유신은 비록 만호태후의 후광으로 풍월주가 되기는 했지만 가야 출신이라는 출신 성분 때문에 신분 상승에 많은 제약이 있었다. 조부 김무력의 벼슬이 신라 16관등 중 으뜸인 각간(角干)이었으나 부친 김서현은 제3위인 소판(蘇判)에 그친 것만 보아도 알 수 있었다. 누이동생 문희를 왕손인 김춘추에게 시집보낸 것도 신분 상승을 위한 일종의 투자였다.

김유신은 제15세 풍월주, 김춘추는 제18세 풍월주를 지냈다. 이보다 앞서 김용춘이 제13세 풍월주를 지냈는데, 김유신을 사신(私臣), 즉 심복으로 발탁했다.

그런데 김춘추가 문희에게 아이를 배게 하고도 사내대장부답게 책임을 지지 않고 아내의 눈치를 보며 우물쭈물하자 화가 치민 김유신이 누이동생 문희를 불태워 죽이겠다고 나섰고, 즉위하기 전의 선덕여왕, 즉 김춘추의 이모 덕만공주의 개입으로 일이 잘 해결됐던 것이다.

이 일을 계기로 김유신은 마침내 신라 왕실과 인척관계가 되는

데에 성공했고, 또한 이를 발판삼아 가야 출신이란 신분의 벽을 뛰어넘어 승승장구할 수 있었다.

사실 김춘추의 맏딸 고타소의 죽음은 오로지 남편을 잘못 만난 탓이었다. 김품석은 화랑 출신이지만 미인이라면 사족을 못 쓴 바람둥이였기 때문이다.

서부전선에서 대(對) 백제 방어의 최고 요충인 대야성(경남 합천) 성주가 된 김품석이 부하 장수 검일(黔日)의 아내가 어여쁜 것을 보고 음심을 못 이긴 나머지 강제로 빼앗아버렸다. 마누라를 뺏긴 검일이 한을 품고 절치부심하며 복수할 기회만 노리고 있었는데, 그해 8월에 의자왕의 명령을 받은 백제 장군 부여윤충(扶餘允忠)이 군사를 이끌고 와서 대야성을 에워쌌다.

검일이 마침내 기다리고 기다리던 기회가 왔구나! 속으로 환호하며 백제군과 내통하여 한밤중에 성안의 창고에 불을 질렀다. 결국 혼란 속에서 성은 함락되고 김품석과 고타소 부부는 죽을 수밖에 없었다.

백제가 대야성을 점령하고 딸과 사위가 죽자 김춘추는 이를 갈며 분개했다.

"내 이 치욕을 갚지 못하면 사람이 아니다!"

그런데 김춘추는 사위를 잘못 본 탓이라는 생각에 앞서서 신라 정계에서 자신의 정치적 입지가 위태롭게 된 것이 더욱 걱정이었다.

군사적 요충인 대야성이 변변히 싸워보지도 못하고 백제군에게 떨어졌는데, 대야성 도독이 어떤 얼간이냐, 바로 진골 김춘추의 사위라더라, 그 자가 제 장인을 닮아 지나치게 색을 밝혀서 부하의 아내를 탐내다가 성을 잃었다더라…. 이러한 비난 여론에서 벗어나는 길은 백제를 지도에서 싹 지워버리는 수밖에는 없다고 김춘추는 생각했던 것이다.

그런데 신라의 군사력만 가지고는 도저히 백제를 무찌를 수가 없었다. 김춘추는 반드시 백제를 멸망시키겠노라 속으로 굳게 맹세하고 이를 위해 군사를 빌리러 옛날 상국으로 모시던 북방의 강대국 고구려를 찾았던 것이다.

그러다가 고구려의 최고 권력자 연개소문(淵蓋蘇文)의 거부로 뜻을 이루지 못하자 이번에는 당나라로 건너가 당 태종에게 통사정을 하여 마침내 군사를 빌리게 되었던 것이다.

김춘추가 선덕여왕 11년(642년) 가을에 고구려를 방문한 것은 단순히 이웃나라 간의 친선을 도모하기 위해서가 아니었다. 백제를 칠 군사를 빌리기 위해서였다. 그런 절박한 이유가 있었기 때문에 광개토태왕과 장수태왕이 고구려를 다스리고, 신라가 고구려의 속국처럼 죽어지내던 실성이사금·눌지마립간 때로부터 근 100년 만에 첫 사행(使行) 길에 올랐던 것이다.

김춘추는 고구려로 떠나기 전에 김유신에게 이렇게 말했다.

"처남! 나와 처남은 이제 한 몸과 같이 나라의 팔다리가 되지 않았소? 이번에 내가 고구려에 가서 만일 죽게 된다면 처남은 어찌할 거요?"

김유신이 대답했다.

"매부한테 그런 일이 생긴다면 나의 말발굽이 반드시 고구려와 백제 왕의 대궐마당을 짓밟아버리고 말 거요!"

"고맙소! 내가 만일 60일이 지나도 돌아오지 않으면 우리는 다시는 만날 수 없을 거요!"

그렇게 해서 김춘추는 고구려의 수도 장안성을 찾게 되었던 것이다. 적대국인 고구려의 군사력을 빌려야 할 만큼 신라는 백제에 비해 약소국이었다.

　마침 지난 가을에 연개소문의 혁명으로 고구려에 새로운 임금이 즉위하고 새 정권이 들어섰으니 어쩌면 도움을 받을 수 있을지도 모른다는 것이 김춘추의 기대 섞인 희망사항이었다.

　장안성에 당도하여 객관에 여장을 푼 김춘추는 이튿날 아침 황궁에 입궐하여 고구려 임금 보장태왕(寶藏太王)에게 인사를 올리고 선덕여왕의 국서와 여러 가지 선물을 바쳤다.

　그 자리에는 고구려의 최고집권자인 대막리지 연개소문이 배석하고 있었다. 연개소문은 김춘추보다 세 살 아래였다.

　전쟁이 무기로 하는 정치라면 외교는 무기 없는 전쟁이나 마찬가지이다. 춘추시대 오나라의 손자(孫子)도 <손자병법>에서 '지피지기(知彼知己)는 백전불태(百戰不殆)'라고 하지 않았던가. 따라서 연개소문은 김춘추가 오기 전에 이미 승려로 가장해 신라에 밀파한 세작(첩자) 덕창(德昌)을 통해 김춘추와 신라 정계의 사정을 소상히 파악하고 있었고, 김춘추가 무슨 까닭에 고구려로 찾아왔는지도 잘 알고 있었다.

　물론 김춘추도 고구려로 오기 전에 세작들의 보고를 통해 연개소문의 인물됨과 고구려의 내부 사정을 알아볼 만큼 알아보고 온 것이었다. 이처럼 국가 간의 첩보전이 치열하기는 고대와 현대가 다를 바 없었다.

　어쨌거나 연개소문과 김춘추 당대의 두 거물이 대면한 것은 이번이 처음이었다.

　의례적인 인사치레가 끝난 뒤 김춘추는 본론을 꺼냈다.

　"외방의 소신 김춘추가 폐하께 아룁니다! 지금 백제가 무도하여 뱀이나 돼지처럼 탐욕스럽고 흉포하게도 저희 신라의 국토를 침범하고 있습니다. 이에 저희 대왕폐하께서 대국 고려의 군사를 얻어 치욕을 씻고자 이렇게 저를 폐하께 보내신 것입니다. 폐하께서는 부디 군사를 빌려주셔서 하해와 같고 태산과 같은 성은을 베풀어주소서!"

그 당시 고구려 사람들은 자신의 나라 이름을 고려라고 불렀다. 이웃 나라인 신라와 백제, 당나라와 왜국에서도 고려라고 불렀다. 또한 고구려 임금의 칭호는 성왕(聖王), 명왕(明王), 태왕(太王)이라고 하고 성상(聖上)이라고 존칭했다.

한편 신라와 백제는 자신들의 임금을 대왕, 그리고 폐하라고 불렀다. 보장태왕이 김춘추가 바친 국서를 받고 이렇게 말했다.

"잘 알겠소! 짐이 대신들과 상의하여 곧 알려줄 것이니 신라국 사신은 객관에 돌아가서 여독을 풀기 바라오."

그날 밤 연개소문이 고관들을 거느리고 객관에 나타나 성대한 연회를 베풀어주었다. 이튿날 다시 입궐한 김춘추에게 보장태왕은 이미 연개소문과 상의한대로 이렇게 말했다.

"신라 사신은 들으시오! 그대도 잘 알다시피 마목현(경북 문경 새재)과 죽령은 본래 우리 고려의 땅이 아니겠소? 그러니까 신라가 죽령 서북 땅을 우리나라에게 돌려주면 짐이 군사를 보내 도와주도록 하겠소."

이런 요구조건이 있을 것을 이미 예상하고 왔던지라 김춘추는 이렇게 대답했다.

"소신은 다만 저희 대왕폐하의 명을 받들어 군사를 청하러 온 것인데, 폐하께서는 저희 신라의 어려운 처지를 구원하여 두 나라가 화친할 뜻은 없고 일개 사신에 불과한 저를 위협하여 국토의 반환을 요구하십니까? 하오나 국토는 일개 신하로서 함부로 주거니 받거니 할 수는 없는 중요한 것이오니 소신은 차마 그 명령에는 따를 수 없습니다!"

그러자 배석하고 있던 연개소문이 나섰다.

"신라 사신은 무엄하구려! 그동안 신라가 우리 고려에게 배은망덕했던 것은 죄다 잊어버렸소? 전에 왜군이 쳐들어와 신라가 망국 직전에 이르렀을 때 아국의 광개토태왕 성상께서 두 차례나 대군을 보내 구원해준 일은 귀공도 분명히 잘 알고 있을 것이오. 그럼에도 불구하고 신라는 우리가 서토(중국)의 오랑캐들과 싸우느라고 뒤돌아볼 겨를이 없는 틈을 타서 도둑고양이처럼 우리 국토를 탈취해가지 않았소? 귀공은 입이 열 개라도 할 말이 없을 것이요!"

"대막리지 합하(閤下)께서는 말씀이 지나치십니다! 이미 오래 전에 지나간 일을 다시 들춘들 양국 친선에 무슨 득이 되겠습니까? 이번에 군사를 내어주신다면 앞으로 신라는 예전처럼 고려를 상국으로 모시고 세세연년 조공을 바치겠습니다."

"당신네 신라는 한 입으로 두 말하는 사람과 같이 신의가 없으니 믿기 어렵다 그거요! 그대의 나라 신라는 이른바 나제동맹(羅濟同盟)을 맺은 백제의 뒤통수까지 후려치지 않았소?"

그 말을 들은 김춘추는 한참 동안이나 말문을 잃고 멍하니 연개소문의 얼굴만 쳐다보았다. 과연 그런 적이 있었다. 지금으로부터 꼭 120년 전의 일이었다. 신라의 배신으로 백제는 국토를 잃고 국왕인 성왕(聖王)까지 전사함으로써 망국 직전의 위기를 겪었던 것이다. 그 사건의 자초지종은 이러했다.

백제 제26대 임금 성왕의 이름은 부여명농(扶餘明禮). 무령왕(武

64

寧王)의 아들로서 523년〔고구려 문자명왕(文咨明王) 5년, 신라 법흥왕(法興王) 10년〕에 즉위했다.

성왕이 즉위할 무렵의 고구려·백제·신라 삼국 관계도 쉴 새 없이 서로 치고받는 험악한 상황이었다. 특히 신라가 가야와 손잡고, 고구려는 계속해서 백제를 압박하고 있어 백제가 가장 불리한 형편이었다. 이에 성왕은 신라와 화친을 모색했다. 그리고 성왕 16년(538년)에는 도읍을 웅진(공주)에서 사비(부여)로 옮기고 국호를 남부여(南夫餘)라고 하는 등 제2의 건국과도 같은 대대적인 개혁을 통해 국력의 회복을 꾀했다.

그런데 10년이 지난 548년에 고구려 군이 남침, 백제의 한강 이북 대 고구려 방어요새인 독산성을 포위했다. 당시 고구려는 양원왕(陽原王) 재위 4년이었다. 다급한 성왕은 신라에 도움을 요청했고, 신라 진흥왕은 군사를 보내 이를 구해주었다.

3년 뒤인 551년에 성왕은 신라와 동맹을 맺고 연합군을 일으켜 고구려의 남쪽 변경을 공격했다. 그것이 이른바 나제동맹이었다. 그 보복전에서 백제는 고구려 남쪽의 6개 군을, 신라는 10개 군을 점령했다. 당시 백제가 차지한 6개 군은 한강 하류, 오늘의 서울과 경기도 일대였고, 신라가 차지한 10개 군은 오늘의 남한강 상류 강원도와 충북 일대였다.

그러나 일은 거기에서 끝나지 않았다. 신라가 동맹을 배반했던 것이다. 신라군 총사령관 김거칠부(金居柒夫)는 내친 김에 백제가 천신만고 끝에 70년 만에 되찾은 옛 서울 한성 지역의 6개 군마저 기습하여 차지해버렸다.

그러자 극도로 분노한 성왕은 절치부심하며 복수의 칼날을 갈았다. 성왕은 한성 탈환이라는 눈앞의 성취에만 만족하여 신라의 음모를 전혀 눈치 채지 못하고 아무 대비책도 없이 방심하고 있다가 뒤통수를 강타당한 것이었다.

사실 그렇다고 해서 당시 신라의 군사행동을 비겁하다느니, 비도덕적이라느니 하고 비난할 수는 없다. 전쟁이란 본래 칼로 하는 정치가 아닌가. 동맹관계란 영원히 가지 않는다. 어제의 동지가 오늘의 적으로 돌변하는 것이 고대나 현대나 변함없는 국제정치의 냉혹한 실상이다. 내가 빼앗지 못하면 적국에게 빼앗기고, 승리 아니면 멸망뿐인 것이 전쟁이기 때문이다.

절치부심, 와신상담하던 성왕은 재위 32년(554년)에 마침내 복수의 칼을 빼들었다. 그리하여 친히 대군을 이끌고 관산성(충북 옥천)을 공격했다. 성왕이 연합군인 대가야와 왜의 군사까지 거느리고 맹공을 퍼붓자 신라는 각간 김우덕(金于德)과 이찬 김탐지(金眈知)로 하여금 이를 막도록 했으나 백제군의 노도와 같은 기세를 당할 수 없어 서전에서 패퇴했다.

그러자 신라의 신주(新州 : 한산주) 군주(軍主) 김무력(金武力)이 급히 군사를 이끌고 관산성을 구원하러 달려왔다. 김무력은 김유신의 할아버지이다.

그 소식을 들은 성왕은 뒤에 위덕왕(威德王)이 되는 태자 부여창(扶餘昌)이 걱정되어 밤중에 보병과 기병 50명만 거느리고 황급히 달려갔다. 그것이 화근이었다.

그 첩보를 입수한 신라 삼년산군의 하급관리인 고간 도도(都刀)가 구천(狗川)에 매복하고 있다가 전광석화처럼 기습공격을 가했던 것이다. 결국 이 관산성전투에서 백제군은 임금이요 총사령관인 성왕 자신은 물론, 장관급인 좌평 4명, 장병 2만9600명이 전멸당하고 말았다.

임금과 그가 거느린 군대가 전멸했으므로 백제는 개로왕이 고구려의 장수태왕에게 잡혀죽고 한성에서 웅진으로 천도한 이후 다시 한 번 멸망의 위기에 빠지게 되었던 것이다.

연개소문은 그런 사실을 상기시켜 준 것이었다. 언변이 청산유수처럼 도도하던 김춘추가 얼굴이 벌게져서 할 말을 못 하자 태왕이 한 마디 했다.

"그 문제는 조정에서 더 논의해볼 것이니 그대는 객관에서 고요히 명상을 즐기며 좀 기다려보오."

그렇게 해서 김춘추는 그날부터 객관에 연금당하는 신세가 되고 말았다.

날이 가고 달이 흘렀다. 그러나 고구려 태왕도 부르지 않았고, 집권자인 대막리지로부터도 아무 연락이 없었다. 이젠 스스로 살 길을 구할 수밖에 없었다.

김춘추는 연개소문의 측근들을 구워삶기로 작정했다. 어느 시대, 어느 사회든 뇌물이 통하는 인간은 반드시 있게 마련이 아닌가. 그가 입수한 정보에 따르면 연개소문의 집사 출신인 중리대부 선도해(先道解)와 연개소문의 배다른 아우인 중외대부 연정토(淵淨土)가 포섭대상으로 적합할 듯싶었다.

두 사람은 연개소문의 심복이요 형제요 혁명 동지로서 최측근이긴 했지만 유난히 물욕이 많다고 하니 공작을 잘하기만 하면 걸려들 가능성이 높았다.

김춘추는 먼저 접대를 맡은 관리에게 뇌물을 듬뿍 집어주고 중리대부 선도해를 만날 수 있도록 주선해달라고 부탁했다. 뇌물로 사용할 금은보화는 충분했다. 이럴 경우에 쓰려고 서라벌을 떠나기 전에 충분히 준비해왔던 것이다.

진귀한 보물을 잔뜩 받아 챙긴 선도해는 이틀이 지난 뒤 어스름 저녁에 객관에 나타났다. 심복 부하 한 명만 데리고서였다. 인사가 끝나고 간단한 술자리가 마련되자 김춘추가 말했다.

"국사에 바쁘신 대인을 이렇게 뵙자고 해서 송구스럽습니다. 대인께서 고려국에서는 그래도 말이 통하는 큰 인물이시란 말을 들었기에 꼭 만나보고 싶었거든요."

그러자 선도해가 빙그레 웃으며 대꾸했다.

"귀공이 나를 보자고 한 이유는 길게 말씀하지 않아도 다 알고 있소이다. 에헴, 공께서는 혹시 토끼와 거북이의 이야기를 아십니까?"

"토끼와 거북…이가 어찌 됐는데요?"

자다가 봉창 뜯는 소리도 유분수지 난데없이 이게 웬 소리냐 하고 김춘추는 어리둥절했다.

"허허허, 귀공은 그렇게 놀랄 것 없어요! 낮말은 새가 듣고 밤말은 쥐가 듣는다는 말도 있으니까 내 길게 말하지는 않겠소이다. 이 몸이 비록 대신인 중리대부라고는 하나 위로는 대막리지 합하가 계시고, 또 그 위로는 태왕성상이 계시니 사사로이 귀공을 돌려보낼 힘은 없다 그거요. 그 대신 여기 책을 한 권 드리고 갈 테니 한 번 읽어보시오. 잘 읽어보시면 무사히 돌아갈 길이 보일지도 모르는 노릇이다 그거요. 에헴."

그러면서 선도해는 <귀토담(龜兎談 : 거북과 토끼 이야기)>이란 제목의 책 한 권을 몰래 전해주고 돌아갔다. 선도해가 돌아간 뒤 김춘추가 읽어보니 이런 내용이었다.

옛날 옛적에 동해 용왕이 큰 병에 걸렸는데 의원의 말로는 토끼의 간으로 약을 지어야 낫는다는 것이었다. 그때 용감한 신하 거북이가 앞으로 나서서 자기가 뭍에 나가서 토끼의 간을 구해오겠노라고 아뢰었다. 거북은 육지로 나와서 토끼를 만나 나를 따라 용궁에 가면 높은 벼슬을 하고 부귀영화를 누리면서 오래오래 잘 살게 해주겠다고 꾀었다.

거북의 꾐에 빠져 용궁으로 찾아온 토끼를 보자 용왕이 마치 지옥에서 부처님을 만난 듯 반가워하면서 이렇게 말했다.

"정말 잘 왔다 토끼야! 참으로 귀한 걸음을 해주었구나! 그런데 사실은 과인이 몹쓸 병에 걸렸는데 토끼의 간이 있어야만 고칠 수 있다지 뭐이겠냐? 그러니까 너는 적선하는 셈치고 간을 꺼내 다오! 그렇게만 해준다면 너는 틀림없이 극락왕생할 것이다. 그건 과인이 분명히 보장하마!"

이 말을 들은 토끼는 궁리를 거듭한 끝에 이렇게 말했다.

"거룩하신 용왕님께 아뢰오! 소신은 달의 정기를 받고 태어난지라 한 달의 절반은 간을 몸에서 꺼내어 놓고 나머지 절반은 몸 안에 넣어두고 살아야 하옵니다. 지금은 마침 간을 꺼내어 놓고 지내는 때라 신이 용궁으로 들어오기 전에 간을 꺼내어 금강산 어느 나무 밑에 감추어두고 왔사옵니다. 신을 다시 내보내주시면 틀림없이 그 간을 가져와서 바치겠사옵니다!"

그 말을 곧이들은 용왕이 거북에게 토끼와 함께 금강산에 다녀오도록 명했다. 그렇게 하여 구사일생으로 다시 육지로 돌아온 토끼가 거북에게 이렇게 말했다.

"예라 이 어리석은 거북아! 간을 꺼냈다 도로 집어넣었다 하는 동물이 이 세상에 어디 있단 말이냐! 나 잡아봐라!"

하고는 깡충깡충 뛰어 달아나버렸다.

책을 다 읽고 난 김춘추는 아하! 하고 무릎을 철썩 쳤다. 선도해의 말대로 그 책 속에는 과연 살아날 길이 있었던 것이다.

이튿날 김춘추는 보장태왕에게 이런 내용의 편지를 써 보냈다.

고려 태왕폐하께서 말씀하신 대로 마목령과 죽령 서쪽은 과
연 고려국의 땅이 분명하옵니다. 소신이 귀국하는 대로 저희
대왕께 아뢰어 즉시 고려에 돌려드리도록 하겠사옵니다.

한편, 김유신은 김춘추가 약속한 기일인 60일이 넘어도 돌아오
지 않자 선덕여왕에게 보고하고 결사대 3000명에 7000명을 더한
1만 명의 군사를 이끌고 북상하여 고구려와의 국경에 다다랐다.

연개소문은 김춘추를 계속 붙잡아두고 있어봐야 대세에 별 영
향이 없다고 생각하여 보장태왕에게 상주하고 김춘추의 귀국을
허락했다. 물론 연개소문이나 고구려 조정이 김춘추의 거짓 약속
을 믿어서 풀어준 것은 아니었다. 그렇다고 해서 연개소문이 김유
신이 두려워서 풀어준 것도 물론 아니었다.

연개소문은 김춘추를 죽여 봐야 별 득이 없다고 생각했다. 게다
가 당나라와의 결전을 앞두고 굳이 신라나 백제를 자극해서 유사
시 아래위에서 협공을 당할 필요는 없다고 판단했던 것이다.

하지만 연개소문은 신라를 포기하는 대신 백제와 손을 잡기로
했다. 신라보다도 한층 강력한 해군력을 지닌 백제가 유사시 당과
손잡고 서해의 제해권을 장악한다면 신라를 적으로 돌리는 것보
다도 훨씬 더 큰 위협이 되리라는 전략적 이유에서였다.

그렇게 해서 김춘추는 용궁에서 탈출한 토끼처럼, 범의 아가리
같은 고구려에서 가까스로 목숨을 구해 돌아가는데 성공했지만
그것으로 백제에 대한 복수를 단념한 것은 결코 아니었다. 서라벌
로 돌아간 뒤에는 바다 건너 왜국으로, 당으로 쫓아다니며 친선과

함께 군사적 협력을 추구했던 것이다.

  그것은 그렇고, 백제 광복군은 풍왕의 귀국 이후 지도층 안에서
일어난 내분으로 자멸의 길을 걷게 된다.
  광복군의 내분은 초기에 광복군을 일으켰던 부여복신과 부여자
진 사이의 알력에서 비롯되었다. 부여자진이 당나라 장수 유인궤
와 밀통한 사실을 부여복신의 심복인 사수원(沙首原)이 알고 이를
복신에게 밀고하여 복신은 자진을 참수했다.
  이어서 신라군을 대파한 복신이 그 여세를 몰아 도침까지 죽이
고 광복군의 주도권을 장악하니 불안해진 풍왕이 복신과 갈등을
빚다가 마침내 선수를 쳐서 복신을 잡아 죽였던 것이다.
  복신이 조카인 풍왕에게 죽자 광복군의 전력(戰力)은 급격히 떨
어졌다.
  663년 6월. 풍왕은 왜와 고구려에 구원병을 요청했고, 왜국이
이에 호응해 전선 1000척에 2만7000명의 군사를 보냈다. 하지만
8월 28일에 벌어진 백강구전투에서 왜군은 당나라 수군에게 400
여 척의 전선이 불타고 군사들이 궤멸하는 참패를 당했다.
  이 결정적 전투의 패배로 백제 광복군의 수뇌부는 풍비박산이
나버렸다. 왕자 부여충승(扶餘忠勝)과 부여충지(扶餘忠志)는 당군에
게 항복하고, 풍왕은 고구려로, 그의 아우 부여용(扶餘勇)은 왜국으
로 망명하고 말았다.
  이어서 9월 7일에는 마지막 거점이던 주류성이 함락당해 백제
광복전쟁은 종언을 고했다.
  10월 10일. 그때 화랑 출신인 장군 김죽지와 사찬 김시득의 신
라군은 흑치상지와 그의 심복 장수 사타상여(沙吒相如)와 지수신

(遲受信)이 끝까지 지키던 임존성을 공격하고 있었다.

김시득은 갑옷 입고 투구 쓰고 장창을 비껴들고 말에 올라 진문(陣門) 앞에 나섰다. 임존성에서도 성문이 열리더니 말 탄 장수 한 사람이 장검을 빼어들고 나섰다. 언뜻 보기에도 적장은 칠척장신으로 키가 후리후리하게 크고 어깨가 떡 벌어졌으며 수염이 무성한 대장부였다. 거기에 비해 시득은 보통 키에 호리호리한 몸집이었다.

와아! 하고 양쪽 군사들이 천지가 떠나가도록 고함을 질렀다. 둥 둥 둥 둥! 북소리도 요란하게 울렸다.

"나는 신라의 사찬 김시득이다! 그대는 누군가?"

"나는 백제의 달솔 흑치상지다! 자, 오너라!"

두 장수는 말을 달려 맞붙었다. 그때 김시득은 서른다섯 살, 흑치상지는 서른네 살이었다. 말들이 엇갈려 지날 때 시득이 흑치상지의 가슴을 노리고 장창을 내질렀다. 흑치상지가 날렵하게 몸을 비틀어 그 창끝을 피하며 장검을 휘둘렀다.

그렇게 수십 합을 겨루었지만 좀처럼 승부가 나지 않았다. 그렇다고 해서 양쪽 모두 지친 기색이 아니었다.

시간이 흐를수록 김시득의 창은 횡횡 바람소리를 내며 흑치상지의 요혈을 노렸고, 흑치상지 역시 맹렬히 칼을 휘둘러 자신을 보호하는 한편 시득의 몸통을 노렸다. 그야말로 용호상박(龍虎相搏)의 대결이었다.

50합쯤 겨루었을까, 갑자기 신라 진영에서 쇠(징)를 울렸다. 물러나라는 신호였다. 김시득은 재빨리 말머리를 돌려 진영으로 돌아왔다.

"잘 싸웠다! 하지만 자네가 피로하여 실수를 할까봐 불러들인 거다."

장군 김죽지가 말했다.

"아하, 조금만 더 공격하면 적장을 잡을 수 있었는데 그랬습니다!"

"알았네. 잠시 쉬었다가 다시 싸우게나."

그래서 김시득은 한 시진쯤 쉬었다가 시원한 물 한 잔을 마시고 다시 말을 타고 달려 나갔다. 흑치상지도 다시 말을 달려 성 밖으로 나와서 두 장수는 재차 맞붙었다.

그러나 이번에도 좀처럼 승부가 나지 않았다. 두 장수 모두 일기당천(一騎當千)의 용사였던 것이다.

두 장수는 그렇게 아침부터 시작해서 해가 떨어질 때까지 싸웠으나 승부를 가리지 못했다. 그러자 이번에는 임존성에서 쇠를 쳐서 흑치상지를 불러들였다.

그날 밤 김시득은 좀처럼 잠을 이루지 못했다. 흑치상지 때문이었다. 그렇게 무술이 뛰어난 용사를 만난 적이 없었다. 차마 죽이기가 아까웠다. 그 자를 어떻게 하면 잡을 수 있을까. 분명한 우세를 점하지 못하니 사로잡기는 더욱 버거운 노릇이었다. 하지만….

이튿날 아침. 두 장수는 다시 무기를 잡고 달려 나가 맞붙었다. 두 사람 모두 오늘에는 결판을 내리라 하고 속으로 별렀다.

10합, 20합, 30합이 넘자 말들이 지친 기색을 보이기 시작했다. 그때였다. "이얍!"하는 기합 소리와 함께 김시득이 장창으로 흑치상지의 가슴을 찔렀다. 흑치상지가 몸을 틀어 창끝을 피하면서 칼을 휘둘러 김시득의 머리를 노렸다.

그 다음 순간 김시득은 다시 한 번 흑치상지의 머리를 노리고 창을 내질렀다. 흑치상지가 머리를 돌려 창을 피하는 순간 이번에는 창을 휘둘러 흑치상지의 어깨를 노렸다. 이번에도 흑치상지는 상체를 뒤틀어 창끝을 피했다. 다음 순간 흑치상지가 공세를 취해 칼을 휘둘러 김시득의 머리를 노렸다. 김시득이 재빨리 창을 들어 칼을 막았다. 채챙! 하고 무기 부딪치는 소리가 날카롭게 울렸다.

김시득이 다시 창을 바로잡고 흑치상지의 배를 노렸다. 상체가 긴 흑치상지가 칼을 돌려 막는 순간 김시득은 재빨리 창끝을 들어 흑치상지의 머리를 노렸다. 흑치상지가 머리를 돌려 피하는 다음 순간, 김시득의 창끝이 허공중에서 똑바로 떨어지며 흑치상지의 투구를 강타했다. 그 순간, 흑치상지의 말이 앞다리를 번쩍 들고 일어섰다. 그 바람에 흑치상지는 그만 낙마하고 말았다.

흑치상지가 낙마하자 손에 땀을 쥐고 싸움을 지켜보고 있던 임존성의 백제 부흥군이 성문을 열고 우르르 달려 나왔다. 맨 앞장에는 흑치상지의 심복 장수인 사타상여가 달려오고 있었다. 흑치상지를 구하기 위해서였다.

"이때다! 돌격하라!"

때를 놓치지 않고 신라군 진영에서 장군 김죽지가 고함쳤다. 신라군이 너도 나도 뒤질세라 창검을 꼬나 잡고 백제군을 향해 줄달음질쳤다. 그때 김시득은 재빨리 말에서 내려 부상당한 흑치상지를 말에 태우고는 자기 진영으로 달려갔다.

신라군과 백제군은 뒤엉겨 난전을 벌였다. 하지만 이미 장수끼리의 대결에서 패배한 백제군인지라 신명이 날 리 만무했다. 백제군은 접전이 시작된 지 얼마 못 가 다시 성안으로 달아나기 시작했다. 신라군이 그 뒤를 쫓아가며 백제군을 마구 난도질했다. 신라군의 대승리였다.

흑치상지를 생포한 김시득은 진영으로 돌아오자마자 군의(軍醫)

를 불러 흑치상지의 부상부터 살피게 했다. 다행히 흑치상지의 부상은 그리 심각하지 않았다. 투구가 창에 맞고 낙마할 때의 충격으로 머리가 울려서 잠깐 기절한 것뿐이었다. 시득은 흑치상지를 정성껏 간병했다.

그날 밤 김시득은 군막 안에서 정신을 차려 깨어난 흑치상지와 마주앉았다.

"흑치 장군. 정신이 좀 드시오?"

"패장이 무슨 할 말이 있겠소? 빨리 죽이시오!"

"그게 무슨 말이오? 죽이려면 아까 싸움터에서 끝냈지."

그러고 나서 김시득은 흑치상지를 회유했다.

"에, 장군도 알다시피 백제는 이미 망했소. 백제 부흥운동도 이젠 끝난 거나 마찬가지요. 도침도, 복신도 죽고, 풍왕은 달아나지 않았소? 그러니 장군도 대세를 거스르지 마시오."

"그럼 나보고 항복하란 말이오?"

"그렇소! 대세는 이미 기울었소. 얼마 되지 않는 잔병으로 항거해봐야 백제 사람들의 희생만 늘어날 뿐이오. 또 흑치 장군의 빼어난 무용(武勇)을 그대로 썩히기에는 아깝기 그지없소! 그리고 그대는 아직도 젊지 않소? 창창한 앞날을 여기서 헛된 죽음으로 막내리지 말고 새 길을 찾아보시오!"

"…."

흑치상지는 한참동안이나 대꾸가 없었다. 이윽고 그가 입을 열어 대꾸했다.

"하루만 생각할 말미를 주시오."

"그럽시다."

흑치상지는 밤새 곰곰이 생각했다. 이대로 고립된 임존성 하나만 지키며 계속 싸운다는 것은 무의미했다. 백제 군사들과 백성들의 희생도 그만큼 늘어날 것이다. 그동안 있었던 광복군의 내분도 흑치상지의 머리를 피곤하게 했다. 결국 흑치상지는 항복을 결심했다.

이튿날 흑치상지는 단신으로 임존성으로 돌아갔다. 김시득이 김죽지에게 말해서 허락을 받은 것이다. 성안으로 돌아간 흑치상지는 사타상여와 지수신과 상의했다. 대세는 이미 기울었다. 여기서 더 이상 백제 유민들의 희생을 불러오는 무모한 행동은 하지 말자는 것이 그의 주장이었다.

그러나 그들은 신라군에게 항복하지는 않기로 했다. 차라리 당군에게 항복하여 웅진도독으로 당군과 함께 돌아올 예정이라는 의자왕의 아들 부여융(扶餘隆)의 밑으로 들어가기로 했다.

결국 저수신은 항복을 거부한 채 고구려로 망명하고, 흑치상지와 사타상여는 당나라 장수 유인궤에게 항복했다.

백제광복전쟁이 끝나자 흑치상지는 부여융을 따라 당나라로 건너갔다가 그 이듬해인 664년 초에 당나라 괴뢰정권이 수립될 때 다시 부여융을 따라 백제로 돌아와 웅진성주를 맡는다.

당나라가 신라를 계림대도독부(鷄林大都督府)로 삼아 문무왕을 계림대도독으로, 백제 옛 땅은 웅진도독부로 삼아 부여융을 웅진도독으로 임명했기 때문이다.

이는 형식상 신라와 옛 백제를 동등한 지위로 만들어 신라와 백제 유민과의 깊이 팬 감정의 골을 덮고 양국을 효과적으로 다스리기 위한 당나라의 음흉한 잔꾀였다.

어쨌든, 흑치상지는 웅진성주로 있다가 672년에는 충무장군행대방주장사로 임명되어 한동안 오늘의 전남 나주·함평 지방에 파견되었다가, 다시 좌영장군 겸 웅진도독부 사마라는 명목상의 벼슬을 받았고, 그 이듬해에 신라의 강공으로 웅진도독부가 해체되자 다시 당나라로 건너갔다. 이후 흑치상지는 당나라 장수로서 새로운 인생을 살게 된다.

당나라 조정으로부터 좌영군원외장군 벼슬을 받은 흑치상지는 49세 되던 678년에 중서령 이경현(李敬玄)과 공부상서 겸 수군대사 유심례(劉審禮)를 따라 토번공략전에 나선다.

토번은 오늘의 티베트이고, 이는 기록상 흑치상지의 중국군 장수로서 첫 번째 출전이었다. 이 싸움에서 초전에 당군이 패배하여 전군이 무너질 위기에 처했을 때 흑치상지가 결사대 500명을 이끌고 적진을 기습함으로써 전세를 역전시키고 마침내 승리를 거둘 수 있었다.

승전 보고를 받은 당 고종은 흑치상지를 좌무위장군·검교좌우림군으로 발탁하고 황금 500냥과 비단 500필을 하사했다. 또 이어서 하원도경략부사로 승진시켰다.

그 이듬해에 제2차 토번정벌이 있었다. 이 싸움에서도 초전에는 당군이 불리했으나 흑치상지의 탁월한 용병술 덕분에 전세를 역전시키고 당군이 승리를 거두었다.

당 고종은 무능한 이경현을 파직하는 대신 흑치상지를 하원도경략대사로 삼고 비단 400필을 상으로 내렸다. 흑치상지는 하사받은 상을 모두 부하들에게 나누어주고 자신은 단 한 필도 집에 가져가지 않았다.

흑치상지의 승승장구는 이어졌다. 681년에 토번의 족장 찬파(贊婆)가 변경을 침범하자 흑치상지는 기병 1만 명을 이끌고 출전하여 이를 격파했고, 그 공으로 좌응양위대장군·연연도부대총관으로 승진했다.

684년에는 좌무위대장군·검교좌우림군으로 승진한 데에 이어, 686년에는 돌궐군의 침공도 격퇴함으로써 현재의 외몽골 지역을 총괄하는 연연도대총관으로 승진했다. 또 그 이듬해에도 돌궐군의 침범을 물리쳐 연국공의 작위와 식읍 3000호를 받는 한편, 우무위대장군·신무도경략대사로 승진했다.

하지만 검은 함정이 그의 발 앞에 숨어 있을 줄을 어찌 알았으랴. 그의 나이 58세가 되던 687년. 당시 당나라는 고종의 황후였던 측천무후(側天武后)가 지배하고 있었고, 흑치상지는 회원군 경략대사 직에 있었다. 이때 좌감문위중랑장 찬보벽과 연합작전으로 돌궐 토벌전을 펼쳤는데, 찬보벽이 전공을 독차지할 욕심으로 혼자 군사를 이끌고 적군을 공격하다가 전군이 전멸하는 참패를 당하는 일이 벌어졌다.

결국 찬보벽은 처형당하고, 흑치상지도 패전의 책임을 함께 질 수밖에 없었다. 그런데 설상가상으로 우응양장군 조회절의 모반 사건에 연루되었다는 무고를 당해 감옥에 갇히고 말았다. 흑치상지를 무고한 주흥(周興)이란 자는 측천무후의 비밀경찰이었는데, 밀고자였을 뿐만 아니라 악랄한 고문자로도 악명을 떨치던 자였다.

그렇게 해서 일세의 영웅 흑치상지는 끝내 옥중에서 죽음을 맞았으니 그때가 689년 10월 9일이라고 그의 묘지명은 전한다. 당시 향년 60세였다.

그런데 그의 죽음이 처형인지 자살인지 불분명하다. 묘지명에는 교수형을 당한 것으로 나오고, <구당서>와 <신당서>는 스스로 목매 자살한 것으로 나오기 때문이다. 묘지명에는 그의 죽음을 두고 이렇게 썼다.

영욕은 반드시 있는 법이고, 죽고 사는 것은 운명이다. 진실로
돌아가는데 함께 한다면 어찌 부인의 손에서 목숨을 마치랴.

이렇게 흑치상지가 누명을 쓰고 죽자 그의 사람됨을 아는 주위
사람 모두가 슬픔을 이기지 못 했다.
흑치상지가 한을 품고 죽은 지 9년이 지난 698년. 그의 장남 흑
치준(黑齒俊)의 눈물겨운 신원의 노력이 마침내 결실을 보아 그의
억울함이 밝혀지고, 좌옥검위대장군 벼슬이 추증되었다.

한편 흑치상지 이후 또 한 사람의 한민족 출신 불세출의 명장이
있었으나 그 역시 결국은 당나라에 의해 토사구팽 당하고 만다.
그는 고구려 유민 출신인 고선지(高仙芝) 장군이었다. 고선지 장군
에 대해서도 언급하고 넘어가기로 한다.
고선지는 고구려 유민의 아들로 태어나 오로지 자신의 탁월한
능력만으로 당나라 군대의 총사령관이 된 전설적 명장이다.
그는 망국 고구려의 유민이라는 차별대우 속에서도 출중한 무
술과 지략과 담력을 발휘하여 중앙아시아를 석권하고 실크로드
를 지배했던 위대한 장군이었다.
따라서 그는 비록 당나라에서 태어나 당나라 장수로 활약했지만,
어디까지나 고구려의 피를 물려받은 고구려인이었고, 자랑스러운
우리의 선조였다. 고선지가 억울하게 죽은 까닭의 하나도 다름 아
니라 당나라를 수없이 괴롭혔던 이민족, 특히 고구려 출신이라는
사실이다.
그는 모함을 받아 원통하게 처형당했지만 사서가 전하는 그의
훌륭한 인품과, '유럽 문명의 아버지'로도 평가받고 있는 위대한

업적은 두고두고 잊히지 않을 것이다.

고선지는 고구려가 망한 지 30여 년이 지난 서기 695년(또는 700년 무렵)에 당나라에서 태어났다. <구당서>와 <신당서>에 그의 전기가 실려 있고, <자치통감> 등도 그의 활약상을 전해주고 있지만, 그의 사망 시기만 나올 뿐, 그가 정확하게 언제 어디에서 태어났다는 기록은 없다. 먼저 <구당서> '고선지전'의 앞부분을 보자.

고선지는 본래 고구려 사람이다. 그의 아버지는 (이름이) 사계(舍鷄)다. 처음에는 하서군(河西軍)에 종군했는데 공을 쌓아 사진장군(四鎭將軍)·제위장군(諸衛將軍)이 되었다. 그는 외모가 사나이답고 건장할 뿐 아니라 기마와 궁술에 능했다. 또한 용감한데다가 과단성도 뛰어났다. 어려서는 아버지를 따라 안서(安西)에 이르렀는데, 그곳에서 아버지의 공로로 유격장군이 되었다.

고선지는 나이 20여 세가 되어 장군에 제수되어 아버지와 벼슬이 같게 되었다. 그러나 절도사 전인완(田仁琬)과 개가운(蓋嘉運) 밑에 있을 때에는 큰 벼슬을 하지 못했다. 뒤에 부몽영찰(夫蒙靈察)이 여러 차례 발탁하여 파격적 승진을 거듭했다. 개원(開元, 713~741년) 말기에 안서도호부·사진도병마사가 되었다.

고선지는 고구려의 후예지만 고구려가 아니라 당에서 태어났다. 고구려는 668년에 멸망했다. 그리고 그 이듬해에 당나라가 고구려의 유민들을 산동성과 영주 지방으로 강제 이주시켰다.

그리고 670년에 당나라가 고구려 옛 땅을 통치하려고 설치한 안동도호부의 치소인 평양성을 중심으로 고구려광복운동이 일어나자 676년에는 안동도호부를 보다 중국 내륙 쪽에 가까운 요동으로 이전했다.

또 677년에 당이 조선군왕으로 봉한 고구려의 마지막 임금 보장왕이 말갈족까지 규합하여 고구려 광복운동을 펼치자 이에 겁을 먹고 고구려 유민들을 보다 더 먼 하남과 농우(감숙성) 지방으로 강제 이주시켰는데, 당시 강제로 이주당한 고구려 유민이 사서는 2만8200호라고 전하니, 이는 약 20만 명에 이르는 인구였다.

고선지가 억울하게 처형당한 해가 중국의 사서들은 모두 755년이라고 밝히고 있으며, 당시 그의 나이가 55세 정도로 본다면 700년 무렵에, 60세쯤으로 본다면 695년 무렵에 태어났다고 추측된다.

고선지의 출신 성분을 살펴본다. 그의 성은 고구려 왕족과 같은 고씨요, 그의 아버지도 탁월한 능력을 발휘한 무인이었다. 또한 부모 모두 고구려 사람이었다. 따라서 필자는 고선지가 고구려 왕족의 후예였을 것으로 추측한다.

그의 아버지 고사계는 본래 고구려의 유민으로서 당나라에 끌려온 포로였으나 실력이 뛰어난 무인으로서 하서군에서 당나라를 침범하는 서강족(西羌族)을 막다가 실크로드의 서쪽 끝 지역인 오늘의 신강성 고차현인 안서도호부로 재배치되었다. 당시 안서도호부의 치소는 실크로드의 중요한 거점이며 천산북로의 갈림길인 고창에서 천산남로의 관문인 고차로 옮겨져 있었고, 당나라의 주둔군은 3만 명이었다.

고선지는 이곳에서 소년시절을 보내다가 아버지 고사계를 따라 여러 전투에서 공을 세워 20세 전후에 유격장군으로 전격 발탁되었다. 그리고 736년부터 741년 사이, 즉 개가운과 전인완이 절도

사로 있을 때에 그들의 밑에서 전공을 세웠고, 741년 말에 부몽영
찰이 현재 신강성 지역 등을 다스리는 안서도호부사 겸 사진도지
병사마로 부임한 이후 발탁되어 무인으로서 입신양명을 한 것으
로 보인다.

　고선지의 이름이 나오는 최초의 기록인 <구당서> '봉상청전(奉
常淸傳)'은 이렇게 전한다.

　　　개원 말에 달해부락이 당에 반란을 일으켜 그 세력이 흑산
　　에서 북쪽으로 향했을 뿐만 아니라 다시 서쪽의 쇄엽까지 미
　　치자, 현종(玄宗)은 부몽영찰에게 이들을 쳐서 무찌르도록 조
　　서를 내렸다. 부몽영찰은 고선지에게 기병 2000을 거느리고
　　부성(副城)에서 북방의 능령 기슭까지 출정토록 했는데, 이때
　　적을 격파했다. 그런데 달해가 너무 멀리 왔기에 인마가 모두
　　지쳐 있었으므로 고선지는 이들 (달해의) 병사를 모두 죽이고
　　말도 모두 빼앗았다.

　달해부는 천산산맥 서쪽 끝자락에 있던 돌궐(투르크)족의 한 부족
이 세운 소국이었고, 봉상청은 당시 고선지 장군의 심복 부하였다.
봉상청은 영리하고 과단성 있는 재사(才士)였다. 하지만 처음부터
무인은 아니었다. 집안이 가난하여 외할아버지가 키웠는데, 어려
서부터 많은 책을 읽어 박식하고 글 솜씨도 좋았지만, 마른 체구
에 애꾸눈에다 절름발이라는 육체적 결함 때문에 장수로 출세하
기에는 여러 모로 조건이 나빴다.

　그런 까닭에 나이 30이 넘도록 아무 벼슬도 못 하다가 고선지 장
군의 명성과 인품을 사모하여 그의 수하에 들어가기를 간청했다.

고선지가 이를 거절하자 봉상청은 수십 일을 두고 고선지의 집 문 앞에서 밤낮으로 애걸하니 마침내 고선지가 허락하여 자신의 수하로 삼았다. 이후 봉상청은 고선지의 막하에서 조정에 올리는 보고서 작성을 도맡았다.

730년에 당과 토번(티베트) 사이에 체결되었던 평화조약이 깨지고, 토번이 당을 제치고 서역 여러 나라의 맹주 자리를 차지하자 그 동안 중앙아시아 지역의 패권을 차지하고 있던 당의 영향력은 현저히 줄어들었다. 동서교역의 지배권 확보를 위한 경쟁에서 토번에게 밀리게 되자 당은 토번을 정벌하기로 결정했다.

747년에 현종은 토번을 정벌하라는 조서를 내렸고, 이에 따라 고선지는 보병과 기병 1만 명을 이끌고 출전했다. 이에 앞서 736년부터 741년까지는 개가운이, 741년부터 그 이듬해까지는 전인완이, 742년부터 747년까지는 부몽영찰이 사진절도사로 있으면서 토번과 싸웠으나 모두 이기지 못했으므로 고선지를 행영절도사로 임명, 서역정벌군을 일으켰던 것이다.

고선지가 이끈 1만 병력은 일종의 특수부대요 결사대였다. 그런 까닭에 기병뿐만 아니라 보병도 모두 말을 가지고 있었다. 고선지 장군이 거느린 1만 명의 원정군은 '세계의 지붕'이라고 부르는 파미르고원과 힌두쿠시산맥의 험로를 넘어 기적 같은 100일간의 강행군을 감행했다.

기록에 따르면 고차를 출발, 15일 뒤에 발환성에 다다랐고, 다시 10일 뒤에 악비덕을 지났으며, 다시 10일간의 행군 끝에 오늘의 카슈가르인 소륵에 이르렀다. 그리고 20일 뒤에는 총령수착을 지나고, 또 20일 뒤에는 파미르고원의 최고지점을 통과하여 파밀천에 이르렀다. 그리고 다시 20일의 강행군을 하여 특륵만천을 건너 파미르고원의 남단이며 오늘의 타지키스탄의 영토인 오식닉국에 이르렀으니, 100일 동안 3000리에 이르는 험로를 돌파한 것이었다.

그리하여 역사적인 연운보 공략전에 들어갔다. 중국의 서쪽 끝과 파키스탄 사이 파미르고원 남단부에 위치한 연운보는 현재 아프가니스탄의 영토이지만, 고선지 장군의 원정 당시에는 토번의 서북방을 지키는 요새로서 중요한 군사적 거점이었다.

고선지는 전열을 정비한 뒤 원정군을 세 개의 부대로 나누어 진격명령을 내렸다. 그의 이러한 전략은 부친인 고사계로부터 배운 고구려식 전법인 것으로 추측된다.

군사를 3개의 부대로 나누어 각각 다른 길로 진격토록 한 것은 세 개의 보급선을 확보하여 보다 안전하게 공격지점에서 합류하기 위함이었다.

분산 진격작전이 성공적으로 이루어지자 고선지는 불과 2시간 동안의 맹렬한 기습 공격으로 난공불락을 자랑하던 가파른 산성인 연운보를 함락시켰다. 이 싸움에서 고선지군은 적군 5000명을 죽이고 1000명을 포로로 잡았다. 또 1000필의 군마를 비롯, 수많은 무기·군량·보급품을 노획하는 전과를 거두었다.

고선지 장군은 연운보를 점령한 뒤 다시 카라코람산맥을 넘어 소발률국(길기트) 원정을 단행했다. 이 원정은 해발 4694m나 되는 험준한 탄구령(힌두쿠시산맥)을 타넘어야 하는 고행과도 같은 강행군이었다. 이 원정 또한 용장했던 고구려 무인의 피를 이어받은 고선지 장군의 탁월한 전략과 전술, 무서운 투지와 과단성이 없었다면 결코 성공할 수 없는 전쟁이었다.

이 연운보 전투의 승리와 소발률국 원정의 성공에 힘입어 당나라는 그동안 토번에게 빼앗겼던 서역의 종주권을 되찾았고, 동서 간의 교역로인 실크로드를 다시 장악할 수 있었다. 또한 이 원정의 성공에 따라 고선지의 역사적 위상이 당나라의 장군에서 세계사적인 인물로 격상되었다.

영국의 저명한 탐험가 오렐 스타인도 고선지 장군이 1만 명의 군사를 거느리고 카라코람산맥을 넘어 소발률국을 원정한 일을 가리켜, "한니발과 나폴레옹이 알프스산맥을 넘은 것보다도 더욱 위대한 전술적 모험이었다."고 찬탄했다. 그는 고선지 장군의 원정로를 답사한 뒤 이렇게 썼다.

> 고선지는 힘든 전투와 행군으로 지친 3천 명의 군사와 더 이상 진격을 반대하는 고위 관리 몇 명을 남겨 연운보를 지키도록 했다. 고선지는 나머지 병사와 더불어 진군을 계속, 3일이 지나서 탄구령 정상에 이르렀다. 그곳에서부터 아래로 40리가 넘는 깎아 세운 듯한 절벽이 버티고 있었다. 고선지는 그의 군대를 위에서부터 아래로 물결이 흐르듯 진군시키며 3일간 계곡을 내려간 뒤, 고도로 계산된 심리전을 펼쳐 아노월성호의 항복을 받아냈다.

고선지는 부하 장수인 석원경(席元慶)과 하루여윤(賀婁餘潤)을 이름으로 부르지 않고 '동생'이라고 불렀다고 한다. 이는 그가 엄한 군율만이 아니라 뜨거운 형제애와 동지애를 바탕으로 부하들을 지휘한 탁월한 장수였음을 일러준다.

그는 토번의 대규모 구원군이 이르기 전에 유일한 통로인 다리를 끊고 진격했다. 그리하여 토번과 서방 여러 나라와의 통로를 차단한 뒤, 소발률국의 항복을 받아냈다.

그리고 3000명을 소발률국에 주둔시키니, 이로써 당나라와 서역 여러 나라와의 교역이 재개되었다. 또한 소발률국의 항복에 따라 인접국인 카슈미르와 카불이 당에 조공을 바치게 되었다. <당서> '고선지전'은 다소 과장된 면도 있지만 당시 그의 전공을 이렇게 기록했다.

　　고선지의 토번 정벌이 성공을 거두자 불름·대식 등 서방 72
　　개 나라가 모두 두려움에 떨며 당에 항복해왔다.

불름은 오늘의 시리아, 대식국은 압바스왕조의 이슬람제국이다.

원정이 성공적으로 끝나자 고선지는 소발률국의 국왕과 왕비를 포로로 이끌고 당의 수도 장안으로 개선했다. 현종은 조서를 내려 소발률국의 이름을 귀인(歸仁)으로 고쳐 귀인군으로 만들고 군사 1000명으로 하여금 진을 지키게 했다.

그런데 남의 공을 시기하고 모함하는 자는 어느 시대 어느 나라에나 있기 마련이다. 고선지가 연운보와 소발률국 정벌을 마치고 하서로 개선하자 하서절도사 부몽영찰이 그의 전공을 시기하여 죽을 고생 끝에 빛나는 승리를 거두고 돌아온 고선지를 패전 장수로 몰아 호되게 추궁했다. 요는 자신에게 먼저 보고하지 않고 조정에 바로 상주했다는 것이었다.

고선지는 일정한 지역을 맡아 방어하는 절도사가 아니라 황제의 명령에 따라 군사를 이끌고 관할구역이 따로 없이 옮겨 다니며 싸우는 행영병마절도사였으니, 부몽영찰의 추궁은 오로지 시기심에서 비롯된 생트집에 불과했다.

부몽영찰은 전에는 고선지의 상관이었으며, 그의 능력을 인정하여 여러 번 승진할 수 있도록 뒤를 밀어준 적도 있었는데, 정작 고선지가 큰 공을 세워 자신보다 벼슬이 높아지게 되자 말끝마다 '고구려 놈'이니 '고구려 노예 놈'이니 하는 욕설을 퍼부으며 고선지의 전공을 깎아내리고 모욕했던 것이다. 저 자신도 한족(漢族)이 아닌 서강족 출신이라는 사실을 잊고 그렇게 미쳐 날뛰었던 것이다.

이런 사실만 두고 보더라도 고선지는 비록 몸은 당나라에서 태어나 당나라 장수로 전공을 세웠지만 어디까지나 망국 고구려의 유민이기 때문에 차별대우를 받았다는 사실을 잘 알 수 있다.

따라서 최근 중국이 고구려사를 자신들의 변방사로 편입시키려는 역사 왜곡 작업을 벌이고 있는 것이 얼마나 자가당착적인 모순인지 자명하다고 하겠다.

결국 고선지의 전공은 그의 원정군에 감군(監軍) 자격으로 종군했던 환관 변령성(邊令誠)이 황제에게 자초지종을 그대로 상주하여 모든 사실이 명백하게 밝혀졌고, 이에 따라 현종은 고선지에게 홍로경·어사중승의 벼슬을 내리는 한편, 부몽영찰을 조정으로 불러들이는 대신 고선지로 하여금 안서사진절도사로 삼았다. 때는 당 현종 천보 6년(747년) 12월이었다.

현종은 또 고선지의 전공을 치하하여 장안의 저택 두 채도 상으로 내렸다. 고선지가 맡은 안서사진절도사는 병력이 2만4000명으로 당나라 서쪽 끝 지역의 군사·행정의 총책임을 지는 자리였다.

이로써 고선지는 망국 고구려 유민의 아들로 태어나 온갖 멸시와 차별대우 속에서도 꿋꿋이 자신의 탁월한 능력을 발휘함으로써 당 제국 군대의 최고사령관에 오르게 되었다.

하지만 고구려인 고선지를 음해하고 모함하는 소인배들의 작태는 멈출 줄을 몰랐다. <구당서> '고선지전'은 그의 부하 장수였던 장군 정천리(程千里)와 대장군 필사침(畢思琛) 등이 그를 모함할 때 고선지가 그들을 다룬 일을 이렇게 전해주고 있다.

> 고선지가 절도사를 맡게 된 뒤 정천리에게 말하기를, "너의 얼굴은 사나이답게 생겼으나 마음 쓰는 것은 꼭 어리석은 계집 같으니 어찌 된 일인가?"하고 물었다. 또 필사침에게 말하기를, "오랑캐 놈이 감히 나를 만나러 왔구나! 그래, 성동(城東)의 종자장 1000석을 네 놈에게 주려는데 생각이 있느냐?"하고 물었다. 필사침이 고선지에게 말하기를, "이것은 중승(中丞)께서 저의 어려운 사정을 아시고 용서해주시는 것입니다"라고 대답했다.
>
> 이에 고선지가, "나는 지금 네가 권세를 부릴까봐 염려하는 거다. 어찌 널 가엾게 여겨 재물을 주겠느냐? 만약 내가 이렇게 말을 꺼내지 않는다면 너희가 오히려 걱정하지 않겠느냐? 이젠 할 말을 다 했으니 속이 후련하구나!"라고 말했다. 그리고는 왕도(王滔)·강회순(姜懷順)·진봉충(陳奉忠) 등을 불러들여 매질하고 얼마 뒤에 풀어주었다. 이로부터 군대 내에서 심리적 두려움이 사라졌다.

고선지가 안서절도사로 재임할 무렵은 당 제국의 전성기였고, 당에서 서역으로 통하는 실크로드를 장악하고 있는 고선지는 실질적인 중앙아시아의 총독과 마찬가지였다. 그는 749년에 또 한 차례 군대를 이끌고 파미르 지역의 지배권 탈환을 시도하는 토번의 기도를 좌절시켰다.

이로써 당은 타림분지 전역, 천산산맥 북쪽에서 아랄해 동쪽, 파미르고원의 아프가니스탄 지역 동쪽, 인도 북부 카슈미르 지역까지 영향력을 행사할 수 있었다.

이런 공로를 높이 산 당 현종은 고선지에게 특진 겸 좌금오위대장군 동정원 벼슬을, 고선지의 아들에게는 5품관 벼슬을 특별히 내렸다. 그런데 고선지의 부인과 아들 이름이 전해지지 않고 있는 것은 매우 아쉽다.

고선지는 749년부터 750년 사이에 다시 한 번 천산산맥을 넘어 현재 우즈베키스탄의 수도인 타슈겐트에 있던 석국을 정벌하고 국왕과 왕비와 왕자와 공주를 포로로 잡아 개선했다.

이번 원정은 서방에서 급성장하여 강성한 세력을 과시하고 있는 사라센제국의 기선을 제압하기 위한 작전이었다.

그런데 조정에서 앞뒤 분별없이 석국 왕을 처형하는 바람에 서역의 여러 나라에서 이에 분개하여 당나라를 응징하려는 움직임이 본격화하였다. 어쨌든 이번 전공으로 고선지에게는 또다시 개부의동삼사에 어사대부 벼슬이 추가되었다. 고선지는 자신이 받은 상을 아낌없이 부하들에게 나누어주었다.

그리고 반년 뒤인 751년 7월 말에 역사적인 탈라스대회전이 벌어진다. 이는 고선지가 이끈 당 제국군과 압바스 왕조의 이슬람군 사이에서 벌어진 최초 최대의 동서 양 문명 간의 전쟁이었다. <자치통감>은 이 전쟁의 전말을 이렇게 전한다.

고선지에 의해 석국 왕이 포로가 되었을 때 요행히 도망쳐 나온 석국 왕자는 여러 나라를 돌아다니면서 고선지가 기만과 노략질을 일삼았던 사실에 대해 호소했다. 그러자 여러 나라가 한결같이 분노하여 대식군(大食軍, 아랍군)과 함께 사진을 공격하려고 했다. 이런 소식을 들은 고선지는 번(蕃)·한(漢)의 무리 3만을 거느리고 대식 공격에 나섰다. 그의 군대는 700여 리나 깊숙이 들어가 탈라스 긍라사성(탈라스성)에 이르러서 대식군과 마주쳤다. 서로 닷새 동안을 대치했는데, 이때 갈라록 부중이 반란을 일으킨 틈을 이용해 대식군이 당군을 양면에서 공격하니 고선지가 크게 패했다. 이때 고선지의 사졸들은 거의 다 죽거나 포로가 되었고, 살아남은 자는 수천 명에 불과했다.

그런데 <구당서>에는 이때 고선지의 군사가 3만이 아닌 2만으로, 또 다른 사서에는 6, 7만 명으로 서로 맞지 않는다. 하지만 아랍 측 사료에 따르면 그 전쟁에서 중국군 5만 명을 죽이고 2만 명을 사로잡았다고 했다. 이를 분석해 보면 고선지의 군사는 3만 명 정도이고, 각지에서 전투 지원을 위해 이끌고 간 인원이 또 3만 명이상 되었을 것으로 추측된다.

당대 제일의 명장 고선지의 패인은 무엇이었을까. <자치통감> 등이 밝힌 것처럼 첫째는 돌궐계의 케르룩 부족인 갈라록의 반란이 결정적으로 작용했고, 둘째는 고선지의 예측보다 사라센군의 기동력이 훨씬 뛰어나 당군이 미쳐 전열을 정비할 사이도 없이 협공을 당했기 때문이다. 당시 아랍군을 이끈 총사령관은 지하드 이븐 살리히라고 알려졌다.

이 전쟁에서 고선지의 당군이 결정적 패배를 당함으로써 당의 중앙아시아에 대한 영향력이 현저히 감소되었고, 따라서 이 지역은 그 뒤 이슬람화하였다.

또한 이 전쟁에서 포로가 되어 아랍으로 끌려간 당나라 군인 일부에 의해 제지술이 서양으로 전파되었다.

제지술의 전파는 이후 서양 문명발달사에도 큰 영향을 미쳤다. 탈라스전투와 실크로드를 통해 전파된 제지술은 사마르칸트 - 바그다드 - 다마스쿠스를 거쳐 독일로 전해졌다. 바그다드에는 794년에 제지공장이 세워졌다는 기록이 있고, 독일로 전해진 제지술은 500년쯤 뒤인 1456년에 구텐베르크가 서양사 최초로 인쇄술을 개발해 처음으로 성서를 찍어냈는데, 이것이 바로 기독교 전파의 결정적 계기가 되었다.

패전의 책임을 지고 고선지는 안서사진절도사 직에서 물러나고 752년에는 그의 후임으로 봉상청이 임명되었다. 그런데 당 현종은 무슨 까닭에 고선지에게 패전의 책임을 물어 그를 처형하지 않았을까. 아마도 두 가지 이유가 있었던 것으로 보인다.

당시 현종은 양귀비(楊貴妃)에게 빠져 정사를 제대로 돌보지 않았다. 그래서 결국은 안록산(安祿山)의 난까지 당하기에 이르렀는데, 아마도 그동안 고선지가 세운 전공이 크고, 또 그가 그 동안 가져다 바친 서역의 호화로운 사치품들이 양귀비의 환심을 샀기 때문이 아닌가 짐작된다. 그런 까닭에 그의 후임으로 고선지의 심복이었던 봉상청을 임명했는지도 모른다.

4년이 지난 755년, 고선지는 밀운군공(密雲郡公)으로 봉해진다. 밀운군은 현재 북경 북쪽지역인데, 전에 고구려 유민들을 강제로 이주시킨 곳 가운데 하나였다.

이어서 그해 11월에 안록산의 반란이 일어나자 고선지는 토벌군 부원수로 재기용된다. 당시의 사정을 <구당서> '고선지전'은 이렇게 전하고 있다.

11월에 안록산이 범양에서 반란을 일으켰다. 이날 현종은 경조목(京兆牧)·영왕(榮王) 완(琬)을 토적원수로 삼고, 고선지를 부원수로 임명했다. 고선지는 매우 빠른 기병과 활을 가진 기병, 그리고 삭방·하서·농우에서 명령받고 경사(京師 : 장안)로 올라오는 병마를 수습하는 한편, 관보 5만여 명을 모집한 뒤에, 봉상청의 뒤를 이어 동관으로 나가 적을 토벌하라는 명령을 내렸다. 그리고 여전히 어사대부를 겸직하게 했다.

토벌군 원수 영왕은 현종의 여섯째아들이고, 실전에는 나가지 않았으므로 실질적인 토벌군 원수는 고선지였던 셈이다. 이에 앞서 봉상청이 반란군을 막지 못했기에 당대의 명장 고선지의 힘이 다시 필요했던 것이다. 그런데 현종은 이번에도 고선지의 군대에 환관 변령성을 감군으로 파견했다.

12월 13일에 반군에 의해 낙양이 함락되고 수도 장안이 위태롭게 되자 고선지는 섬주를 방어하라는 명령을 어기고 동관으로 후퇴했다. 이는 제1선에서 안록산의 반란군을 막던 봉상청이 패퇴했으므로 장안을 방어하는 데 가장 중요한 군사적 요충인 동관을 적군에게 빼앗기지 않고 선점하려는 전략 때문이었다.

하지만 이 결정이 결과적으로는 고선지의 무덤이 되고 말았다. 또한 중요한 군사적 결정은 감군과 상의해야 하는데 고선지는 변령성과 상의하지 않았으므로 황제의 위세를 업고 호가호위하는 그의 모함을 자초하게 되었다.

뿐만 아니라 고선지는 섬주에서 동관으로 후퇴하며 주요 보급기지를 적군에게 내주지 않으려고 창고를 열어 돈과 비단과 식량 등을 부하들에게 나누어주고 남는 것은 모두 불태워버렸다. 이것이 또한 그의 죄목을 더욱 무겁게 한 이유가 되었다.

현종은 퇴각한 책임을 물어 봉상청을 파직했는데, 고선지는 동관을 공격해온 반란군을 물리쳤다. 그런데 그 사이에 환관 변령성이 황제에게 고선지를 음해·모함했다.

이에 노한 현종은 반란군이 눈앞에 닥쳤음에도 불구하고 판단력이 흐려진 탓인지 고선지와 봉상청을 모두 참형에 처하라고 명령했다. <신당서> '고선지전'은 고선지와 봉상청의 최후를 이렇게 전하고 있다.

… 황제가 대노하여 변령성에게 곧 군중(軍中)에서 베어 죽이게 했다. 변령성은 상청을 베어 죽여 시체를 거친 대자리에 싸서 버렸다. 선지가 다른 곳에서 도착하자 영성은 칼잡이 100명에게 자신을 따르도록 지시한 뒤 선지에게 말하기를, "대부(大夫)에게도 역시 명이 있다"고 했다.

… 고선지가 이내 급히 내려가 말하기를, "내가 후퇴한 것은 죄를 지은 것이니 그 때문에 죽는다면 어찌 할 말이 있겠는가. 그러나 나보고 창고의 식량을 도둑질했다는 것은 모함이다"라고 하고, 다시 변령성에게 이르기를, "위로 하늘이 있고, 아래로 땅이 있고, 삼군(三軍)이 모두 여기 있는데, 어찌 임금께서는 이 일을 모르시는가?"했다.

또 휘하의 사졸들을 돌아보면서 말하기를, "내가 너희를 모집했던 처음 의도는 적을 쳐부수고 나서 큰 상을 받게 하기 위함이었다. 그러나 적의 기세가 이 순간에도 성하기 때문에 지금까지 미루어지게 되었다. 이로 인해 어쩔 수 없이 동관을 고수하고 있게 되었다. 내게 죄가 있다면 너희는 그렇다고 말할 수 있다. 만약 너희가 그렇지 않다고 생각하면 원통하다고 외쳐라!"라고 하자, 군중에서 모두가 "원통하다!"고 크게 외쳤는데 그 소리가 사방에 진동했다.

선지가 봉상청의 시체를 보고, "그대는 내가 발탁했고, 또 나와 절도사를 교대했다. 지금 그대와 더불어 죽으니 이는 모두 운명이 아니랴!"하면서 죽음을 의연히 받아들였다.

그렇게 해서 고구려인의 기개를 세계에 떨친 일세의 명장 고선지는 억울한 죽임을 당했다. 변령성이 봉상청의 경우와는 달리 유독 고선지를 죽이기 위해서는 100명이나 되는 칼잡이를 이끌고 온 까닭이 무엇이겠는가. 사나이 중의 사나이 고선지의 빛나는 전공과 위명, 군심을 휘어잡은 감화력에 겁을 먹었기 때문일 것이다.

고선지와 봉상청을 처형한 뒤에 당 현종은 어떻게 되었는가. 동관이 함락 당하자 현종은 총애하는 양귀비와 환관 고력사(高力士)를 데리고 장안을 탈출하여 피란길을 재촉했다가 병사들의 위협에 못 이겨 애첩 양귀비를 죽이고, 마침내 아들에게 양위까지 하게 된다.

고선지는 노예와 마찬가지 신분이었던 고구려 유민의 아들로 태어나 부당한 차별대우를 받으면서도 자신의 탁월한 무술과 담력과 지략으로 최고사령관에 올라 세계의 지붕을 넘어 서역원정에 성공하고, 동서 문명 간의 교류를 이끌어냄으로써 세계사를 바꾼 명장이 되었다.

그는 단순히 당나라의 장군이 아니라 어디까지나 고구려의 혈통을 이어받은 자랑스러운 고구려인이었다.

그러나 그 또한 백제의 흑치상지처럼 당나라에 항복한 고구려 유민 출신이므로 실컷 이용만 하고는 토사구팽시켰던 것이다.

어쨌거나 백제광복군의 진압이 완전히 끝나자 김시득은 김죽지와 더불어 일단 서라벌로 귀환했다.

그러면 여기에서 신라 화랑의 대부라고 할 수 있는 김문노(金文努)의 일생에 대하여 한 번 살펴보기로 한다.

화랑제도가 생긴 이후 제1세 풍월주가 된 김위화(金魏花)는 오늘의 경북 영주인 날이군의 태수 김파로(金波路)와 벽아부인(碧我夫人)의 아들이다. 누나 벽화(碧花)가 비처왕의 후궁이 됨으로써 누나를 따라 서라벌 왕궁으로 들어가 왕의 총애를 받았다. 진흥왕 1년에 섭정이던 지소태후와 김이사부 등이 원화제도에 이어 화랑을 설치하자 제1세 풍월주가 되었다.

위화랑의 뒤를 이어 제2세 풍월주가 된 사람은 김미진부(金未珍夫)였다. 미진부는 선모와 보혜의 아들 김아시와 법흥왕과 벽화부인의 딸인 삼엽궁주의 아들이었다. 미진부는 제1세 위화랑의 다음 서열인 부제(副第)로 있다가 제2세 풍월주가 되었다. 그는 처음에 법흥왕과 백제 보과공주(寶果公主)의 딸인 남모공주(南毛公主)와 혼인했다.

화랑에 앞서 원화제도를 설치하자 남모는 삼산공의 딸 준정(俊貞)과 함께 원화가 되었으나 남모가 준정의 질투 끝에 살해당하자 미진부는 불과 16세에 홀아비가 되어버렸다. 미진부는 어머니 삼엽궁주와 더불어 궁중에 출입하다가 법흥왕의 후궁 묘도(妙道)와 정을 통해 미실궁주(美室宮主)와 미생(美生) 남매를 낳았다.

미진부의 부제로 있다가 제3세 풍월주가 된 인물은 죽은 원화 남모공주의 남동생인 모랑왕자(毛郞王子)였다. 모랑이 법흥왕의 아들이면서 왕위 계승과 거리가 멀었던 이유는 어머니 보과공주가 백제 출신 후궁이기 때문이었다.

김모랑의 부제로 있다가 제4세 풍월주가 된 사람은 김이화(金二花)로서 그는 김위화와 김수지의 누이동생 준실(俊室)의 아들이었다. 이화랑은 지소태후와 이사부의 딸인 숙명궁주(叔明宮主)와 상관하여 원광법사(圓光法師)와 뒷날 제12세 풍월주가 되는 보리(菩利) 형제를 낳았다.

제5세 풍월주는 사다함(斯多含), 제6세 풍월주는 김세종(金世宗), 제7세 풍월주는 설원(薛原), 제8세 풍월주가 김문노이다. 제7세 풍월주 설원은 원효대사(元曉大師)의 증조부이다.

당대 서라벌에서 으뜸가는 검술의 대가이며 협객인 화랑 김문노가 풍월주가 된 것은 진평왕 1년(579년)이었다. 문노가 풍월주가 된 까닭은 화랑으로서 그의 낭도들을 거느리고 진지왕 폐위와 진평왕 즉위에 공이 컸기 때문이었다. 그는 새 임금으로부터 칼자루에 금동으로 용머리가 화려하게 조각된 환두보검을 받고 풍월주에 취임했다.

그해에 그의 나이 42세였는데, 그가 제자들인 김사다함·김세종·설원 등에 이어 매우 뒤늦게 풍월주가 된 것은 출신 성분이 진골이 아닌 탓이었다. 즉 그의 어머니가 가야 출신의 첩으로 골품(骨品)이 없었기 때문이었다.

김문노는 신라가 삼한일통을 이룰 수 있었던 원동력의 하나였던 화랑도의 대부와 같은 존재였다. 그는 화랑 김사다함과 김세종, 설원과 김흠운(金歆運) 등의 스승이었고, 역시 젊은 시절 화랑이었던 김유신과 김춘추, 뒷날 황산벌전투에서 순국한 김반굴과 김관창 등의 대선배이기도 했다.

김유신은 삼국통일 뒤 화랑의 대부인 대선배 김문노를 가리켜 '사기(士氣)의 종주(宗主)'라고 찬양했고, 조정에서는 신라 17관등의 첫째인 각간 벼슬을 추증했으며, 사당에 대영웅인 김문노의 화상을 모시고, 신궁에서 제사를 베풀기도 했다.

김문노는 기골이 장대했다. 체구가 컸던 아버지 김비조(金比助)를 닮아서였다. 어린 시절은 오늘의 충청북도 충주 지방인 북가야의 국원성 왕궁에서 보냈다. 어머니가 북가야 왕의 딸 문화공주(文華公主)였는데, 문노가 어렸을 때 데리고 친정으로 가서 수년 동안 지냈기 때문이었다.

문노가 검술을 배운 것도 국원성의 왕궁에서 지내던 어린 시절이었다. 외할아버지인 북가야의 임금 찬실왕(賛實王)이 외손자를 귀엽게 생각하여 가야 왕궁의 경호무사인 무술 고수 양홍(楊弘)을 사부로 붙여 주었던 것이다.

그렇게 3년을 양홍 사부로부터 땀 흘리며 열심히 무술을 배웠다.

어느 날 양홍 사부는 무술 수련이 끝나자 문노와 자녀들을 가야의 대음악가 우륵(于勒) 선생에게 데려가 소개시켜주었다. 우륵 선생은 달래강 강변에 자리 잡은 집에서 제자들과 함께 살고 있었다. 그 집 자리를 나중에 탄금대(彈琴臺)라고 불렀다.

김문노가 북원성에서 양홍 사부와 우륵 대사부로부터 무술과 풍류를 익히고 서라벌로 돌아온 것은 열네 살 때였다. 그때 북가야가 멸망한 뒤라 무술사부 양홍 일가도 문노 모자를 따라 국원성을 떠나 서라벌로 이사했다. 양 사부는 신라군에 들어가 작은 부대 대장인 소당당주(小幢幢主)가 되었다. 소당당주는 요즘으로 치면 중대장 격이었다.

오랜만에 서라벌로 돌아온 아들이었지만 아버지 김비조는 문노를 별로 반기지 않았다. 공녀(貢女)나 다름없던 가야 출신 첩의 자식이라서 그런지 몇 년 만에 만난 아들이지만 보는 둥 마는 둥했다. 문노는 집밖으로 나돌아 다니기 시작했다.

문노가 처음으로 사람들의 주목을 끈 것은 그렇게 서라벌로 돌아온 해인 열네 살 때였다. 그의 집은 서라벌 북천 건너편에 있었는데 아침밥만 먹으면 강변에 나가 동네 아이들과 어울려 놀았다. 갑갑한 집에 갇혀 지내는 것이 싫었기 때문이었다. 문노의 수하에는 갈수록 소년들이 많이 모여들기 시작해서 마침내 200여 명의 큰 무리를 이루게 되었다.

그때 나라는 진흥왕이 즉위하여 원화에 이어 화랑제도를 설치한 직후였다. 문노의 무리도 화랑도를 본따 서라벌 안팎을 돌아다니며 무술도 익히고, 산과 들에서 사냥도 하고, 강에서 물고기도 잡고, 향가도 배우고, 춤도 즐기며 재미있게 나날을 보냈다.

정식 화랑도와 다른 점은 공식적으로 조정의 인정을 받고 문노가 정식 화랑으로 임명받지 못했다는 사실이다. 그래도 김문노는 한 무리의 우두머리 화랑으로, 부하들은 문노의 낭도로 자처했다.

문노는 부하들에게 이렇게 타일렀다.

"마카(모두) 잘들 들어라! 우리는 마카 서라벌 사람이다. 서라벌에서 태어났으니 서라벌을 사랑해야만 한다. 또 사람으로 태어났으니 사람 노릇을 해야 한다. 사람이 사람 노릇을 못 하고 아무렇게나 되는대로 살아서야 되겠느냐? 제대로 된 바른 사람으로 살지 못한다면 그건 짐승이나 다름없다! 너희가 무술을 배우고 향가를 잘한다고 사람 노릇을 잘 하는 건 아니다. 그러니까 마카 앞으로는 이렇게 살도록 하자. 첫째, 거짓말을 하지 말자. 모든 죄는 거짓말에서 비롯되는 것이다. 둘째, 도둑질을 하지 마라. 내 것이 아닌 남의 것을 탐내어 도둑질을 한다면 그날부터 너희는 죄인이 되는 것이다. 셋째, 집에서 부모님 말씀을 잘 들어라. 부모님 말씀을 잘 듣는 사람이 나중에는 임금님께 충성하는 사람이 된다. 넷째, 용감한 사람이 되어야 한다. 불의를 보거나 적과 싸울 때는 남보다 앞장서 달려드는 용기를 가져야 한다. 마카 잘 알아들었느냐?"

"네잇!"

모두가 목청껏 소리쳐 대답했다.

문노는 부하들의 대오를 정해주었다. 가장 기본적인 십진법에 따라 10명을 한 소대로 하고, 5개 소대, 즉 50명을 중대로 했으며, 2개 중대 100명을 대대라고 했다. 각 부대장은 낭두(郎頭)라고 불렀다. 글 배운 서기를 임명해 낭도들의 명부인 황권(黃券)을 만들어 관리했다. 문노의 낭도는 모두 200여 명이었으니 2개 대대가 되는 셈이었다.

김문노가 처음으로 전쟁터에 나간 것은 진흥왕 15년(554년). 그의 나이 17세 때였다. 백제와의 싸움인 관산성전투에 출전했던 것이다. 그때 문노는 자신의 낭도 200여 명을 거느리고 서라벌을 떠나 신라가 3년 전인 진흥왕 12년(551년)에 백제를 물리치고 개척한 신주(新州 : 한산주)를 유람하고 있었다. 신주의 치소는 오늘의 경기도 광주에 있었다.

그런데 백제의 임금 성왕(聖王)이 대군을 이끌고 오늘의 충청북도 옥천 지역인 관산성으로 쳐들어왔다. 초전에 신라의 수비군은 백제군의 강성한 기세를 당하지 못해 패퇴를 거듭했다. 백제의 군세가 그만큼 강력했기 때문이었다.

성왕이 백제의 연합군인 대가야와 식민지 왜의 군사까지 거느리고 맹공을 퍼붓자 신라는 각간 김우덕(金于德)과 이찬 김탐지(金

眈知)가 이를 막았으나 국왕이 몸소 이끄는 백제 정예군의 노도와 같이 사나운 기세를 당할 수 없어 서전에서 연패했던 것이다.

그러자 신라의 신주 군주 김무력(金武力)이 왕명을 받아 군사를 이끌고 관산성을 구원하러 급히 달려왔다. 김무력은 전왕인 법흥왕 때 신라에 항복한 금관가야의 마지막 임금 구형왕(仇衡王)의 셋째 왕자 출신으로 김서현(金舒玄)의 아버지이자 김유신의 할아버지이다.

군주는 한 지역의 행정과 군사를 책임지는 최고 책임자로서 관직은 제1품 각간이었다. 김무력이 출전하기 전에 신주 지역을 유람하던 김문노를 막사로 불렀다.

"문노야. 너의 낭도가 마카(모두) 몇 명이나 되느냐?"

"이백 명이 좀 넘습니다."

"백제가 갑자기 쳐들어와서 일이 급하게 되었다. 그래서 나는 이곳 신주의 군사를 끌고 구원하러 가야만 한다. 그런데 내가 거느린 군사 일만 명 중 절반은 이곳에 남겨 고구려 군을 막게 하고, 나머지 오천 명만 이끌고 가야 한다. 그래서 말인데, 너와 낭도들도 나를 따라 출전할 수 있겠느냐?"

"바라던 바입니다! 군주님께서 말씀하시기 전에 하마(벌써) 그런 뜻을 아뢰려고 했습니다!"

문노가 부리부리한 큰 눈을 부릅뜨고 또랑또랑한 목소리로 대답했다. 문노는 열일곱 살에 불과하지만 후리후리한 키에 균형이 잘 잡힌 다부진 몸매, 큰 눈에 시커먼 눈썹, 굳게 다문 입매가 보면 볼수록 헌헌장부다웠다. 그만큼 리더십도 군계일학으로 특출했다.

김무력이 비로소 입가에 웃음을 지으며 말했다.

"이제부터는 전쟁터로 가는 거다! 너희가 지금까지 하고 다니던 유람이나 사냥질이 아니야! 너희 낭도들이 마카 어리지만 나라를 위해 목숨을 걸어야 하는 거다! 잘 알겠느냐?”

"명심하겠소이다!"

그렇게 해서 문노는 200여 명의 낭도를 거느리고 군주 김무력의 군사들과 함께 남쪽 관산성으로 출전했던 것이다.

관산성전투의 자초지종을 보자.

백제 26대 임금 성왕의 이름은 부여명농(扶餘明襛). 무령왕의 아들로서 523년에 부왕이 죽자 뒤를 이어 즉위했다. <삼국사기>는 성왕이 '지혜와 식견이 뛰어나고, 일을 처리함에 있어서 결단성이 있었다.'고 했지만, 그것은 의례적인 치사였다. 관산성전투에서 패사(敗死)한 정황만 두고 보면 그는 용병술이 모자라고 치밀함도 부족한 제왕이었다.

성왕이 즉위할 무렵 백제·신라·고구려 삼국 관계는 서로 치고받는 험악한 상황이었다. 특히 신라가 가야와 손잡고, 고구려는 계속해서 백제를 압박하고 있어 백제가 가장 불리한 형편이었다.

이에 성왕은 신라와 화친을 모색했다. 그리고 재위 16년(538년)에는 도읍을 웅진(공주)에서 사비(부여)로 옮기고, 국호를 남부여(南夫餘)라고 하는 등 내정 개혁을 통한 국력의 회복을 꾀했다.

그런데 10년이 지난 재위 26년(548년)에 고구려군이 남침, 백제의 한강 이북 대 고구려 방어요새인 독산성을 포위 공격했다. 성왕은 급히 신라에 도움을 요청했고, 신라 진흥왕은 군사를 보내 이를 구해주었다.

3년 뒤인 재위 29년(551년)에 성왕은 신라와 동맹을 맺고 연합군을 일으켜 고구려의 남쪽 변경을 공격했다. 그 보복전에서 백제는 고구려 남쪽의 6개 군, 신라는 10개 군을 점령했다. 당시 백제가 차지한 6개 군은 한강 하류 오늘의 서울과 경기도 일대였고, 신라가 차지한 10개 군은 오늘의 남한강 상류 충청북도와 강원도 일대였다.

그러나 일은 거기에서 끝나지 않았다. 신라가 나제동맹(羅濟同盟)을 배반했던 것이다. 신라 군 총사령관 김거칠부(金居柒夫)는 내친 김에 백제가 천신만고 끝에 70년 만에 되찾은 옛 서울 한성 지역의 6개 군마저 기습하여 차지해버렸다.

분노한 성왕은 절치부심하며 복수의 칼날을 갈았다. 성왕은 한성 탈환이라는 눈앞의 성취에만 만족하여 신라의 음모를 전혀 눈치 채지 못하고 아무 대비책도 없이 방심하고 있다가 뒤통수를 맞은 것이었다.

그렇다고 해서 당시 신라의 군사행동을 비겁하고 비도덕적이라고 비난할 수는 없다. 전쟁이란 본래 칼로 하는 정치가 아닌가! 동맹관계란 영원히 가지 않는다. 어제의 동지가 오늘의 적으로 돌변하는 것이 고대나 현대나 변함없는 국제정치의 냉혹한 실상이다. 내가 빼앗지 못하면 적국에게 빼앗기고, 승리 아니면 멸망뿐인 것이 전쟁이다.

또 당시 신라는 당나라와 통하는 가장 가까운 뱃길이 절실히 필요하기도 했다. 그래서 서해안의 당항성을 차지한 것이다.

와신상담하던 성왕은 재위 32년(554년)에 마침내 복수의 칼을 빼들었다. 그리하여 대군을 이끌고 국경을 넘어 오늘의 충청북도 옥천 땅인 관산성을 공격했다.

그때 신주에 가 있던 김문노와 낭도들은 김무력을 따라 관산성 전투에 종군했다. 물론 낭도들은 신라 정규군이 아니라 보조하는 병력으로 따라간 것이었다.

당시 화랑도의 나이가 보통 15세 전후로 징병연령에 못 미쳤고, 또한 무기도 모두 갖추지 못했다. 도검을 제작하는 데는 많은 인력과 재료가 들었는데 군대도 아닌 수백 명의 낭도가 저마다 지닐 만큼 도검과 창이나 활을 조달할 수 없었다. 따라서 화랑도라 하더라도 무리를 이끄는 우두머리 화랑과 낭두(郎頭) 이상 간부급만 제대로 된 무기를 지니는 형편이었다.

도검을 만드는 데는 원재료인 철이 다량으로 필요했고, 또 숙련된 장인(匠人)들이 있어야만 했다. 철은 고대에는 화폐 대신 쓰일 정도로 귀중품이었다. 그리고 아무나 마음대로 대장간을 열어 도검을 제작할 수 있는 것도 아니었다. 국가의 허가가 있어야만 했다.

따라서 정규군이 아닌 화랑의 낭도들에게는 창검이나 활이 일일이 돌아가지 못했다. 도검이나 활을 지닌 자들은 초급 지휘자 낭두 이상이나 부잣집 아들들이었고, 일반 낭도들은 목검이나 몽둥이, 죽창을 들어야만 했다.

그런 까닭에 종군을 하더라도 일선에서 전투하는 것이 아니라 후방에서 조력하는 것이 고작이었다. 그러니 정식 화랑도도 아닌 문노의 낭도들에게 일일이 무기가 돌아갈 수 있었겠는가.

김무력이 이끄는 신라 지원군의 반격 첩보를 들은 성왕은 뒤에 위덕왕(威德王)이 되는 태자 부여창(扶餘昌)이 걱정되어 밤중에 군사 50명만 거느리고 최일선으로 달려갔다. 달랑 50명의 소규모 친위군만 거느리고 밤길을 달려간 그것이 화근이었다.

그 첩보를 입수한 신라 삼년산군의 하급 장교인 고간(高干) 도도(都刀)가 구천에 매복하고 있다가 전광석화처럼 기습공격을 가했던 것이다.

결국 이 관산성싸움에서 백제군은 임금이요 총사령관인 성왕

자신이 전사한 것은 물론, 장관급인 좌평(佐平) 4명을 포함하여 장병 약 3만 명이 전멸당하고 말았다.

임금과 그가 거느린 군대가 전멸했으므로 백제는 개로왕이 고구려의 장수왕에게 잡혀죽고, 한성에서 웅진으로 천도한 이후 또다시 멸망의 위기에 빠지게 되었다.

그 전투에서 김문노와 그의 낭도들은 백제군이 퇴각하는 길목에 매복하고 있다가 무수한 적군을 무찌르는 큰 전공을 세웠다.

그렇게 전공을 세웠음에도 불구하고 적군을 무찌르고 서라벌로 개선한 뒤에 김문노와 그의 낭도들은 아무 상을 받지 못했다. 정규군이 아닌 어린 보조군이라서 당한 설움이었다. 그러나 문노는 전혀 개의치 않았다.

김문노는 이어서 진흥왕 16년에는 북한산주에 출전해 남침해온 고구려 군과 싸웠고, 다시 2년 뒤에는 북가야의 반란군을 쳐서 또 전공을 세웠으나 역시 아무 상도 받지 못했다. 휘하 낭도들이 입을 모아 툴툴대며 불평하자 김문노는 이렇게 부하들을 타일렀다.

"마카 시끄럽다! 그만들 해라! 꼭 상을 받아야만 맛이냐? 대체로 상이란 것은 소인들의 일이다. 너희들이 이미 나를 우두머리 화랑으로 삼아 따르고 있는데, 어찌 내 뜻으로 너희들의 뜻을 삼지 않느냐?"

훨씬 나중에 제5세 풍월주 김사다함이 죽고 김이사부(金異斯夫)와 지소태후(只召太后)의 아들인 김세종(金世宗)이 제6세 풍월주가 되어 도움을 청하고자 스승인 김문노의 집으로 찾아와 이렇게 말했다.

"사부님! 저는 감히 사부님을 신하로 삼을 수는 없습니다. 하지만 낭도들을 통솔하기 위해 간곡히 당부하오니 제 곁에서 저를 좀 도와주십시오."

김문노가 김세종의 청이 하도 간곡하기에 마침내 그의 수하에 들어가 섬기기로 작정했다. 김세종은 태후의 아들인 전군(殿君)이요 진골이었지만 그의 사부인 김문노는 아무 골품도 없었기 때문이었다. 비록 문노의 아버지는 어엿한 신라 진골이었지만 어머니가 가야 출신의 공녀인 비천한 첩이었던 것이다. 당시에는 부계보다도 모계의 출신을 더 중히 여겼다.

사부의 허락에 감격한 김세종이 아비는 다르고 어미는 같은 형님 진흥왕에게 이렇게 아뢰었다.

"저의 스승인 김문노는 고구려와 백제를 치는 데 여러 차례 큰 전공을 세웠으나 어미의 신분이 무품(無品)인 까닭에 아무 벼슬길에 오르지 못했습니다. 이 같이 뛰어난 인재를 썩히는 것은 나라를 위해서 매우 아까운 일입니다. 통촉하소서!"

그러자 진흥왕이 문노에게 신라 17관등 중 제9위인 급찬 벼슬을 내렸다. 그러나 그때 문노는 아직은 화랑을 떠나 조정에서 벼슬을 할 수 없다면서 굳이 사양하고 그 관직을 받지 않았다.

그러면 화랑 중의 화랑 풍월주를 지낸 이렇게 대단한 인물이 어찌하여 사다함이나 관창처럼 그동안 세상에 널리 알려지지 않았을까. 그것은 김문노에 관한 기록이 사서에 거의 나오지 않았기 때문이다.

<삼국사기>를 자세히 살펴보면 딱 한 군데서 문노의 이름을 발견하게 된다. 바로 '열전' 김흠운 편에 그의 스승으로 나온다. 그런 이유로 김문노의 이름이 세상에 널리 알려지지 않았던 것이다.

하지만 근래에 김대문의 <화랑세기> 필사본이 세상에 나타남에 따라 화랑 중의 화랑, 화랑도의 대부였던 김문노의 자취가 보

다 더 상세히 밝혀지게 되었다.

그런데 <삼국사기>에는 김문노의 이름이 '文努'로, <화랑세기>에는 '文弩'로 한 글자가 틀리지만, 이는 신라 말 이름을 한문으로 적은 데서 온 차이이니 당대 신라 사람의 기록인 <화랑세기>에 따르는 것이 옳을 것이다.

김문노의 일생을 알기 위해서는 먼저 화랑의 역사부터 살펴보지 않으면 안 된다. 먼저 <삼국사기>에 김문노의 이름이 유일하게 나오는 '열전' 김흠운 편을 보자.

> 김흠운은 내밀왕(奈密王 : 奈勿尼師今)의 8세손이요, 아버지는 잡찬(소판) 달복(達福)이다. 흠운이 소년시절에 화랑 문노의 문하에 다녔는데, 당시 화랑의 무리가 "아무개는 전사하여 지금까지 이름을 남기고 있다"는 말을 하니, 흠운이 감개 깊은 기색으로 눈물을 흘리며 이에 격동되어 자기도 그와 같이 하겠다는 뜻을 보였다….

김흠운은 태종무열왕 2년(655년)에 신라가 백제와 고구려를 칠 때 일선 부대장인 낭당대감(郎幢大監)으로 출전했다가 전사하여 제7위인 일길찬 벼슬이 추서된 인물이다.

김부식은 <삼국사기>의 이 '열전' 김흠운 편 뒷부분에 저자의 평으로 화랑 설치의 유래에 대해 이렇게 덧붙였다.

> 신라에서는 인재를 놓칠까 염려하여 동류끼리 모여서 함께 놀도록 한 것은 거기에서 그들의 행동과 지향하는 바를 관찰한 뒤에 등용하려는 것이었다. 그리하여 얼굴이 잘난 사내를

뽑아 화려한 옷을 입혀 화랑이라고 부름으로써 그를 받들게 했다.

여러 낭도가 사방에서 모여들어 도리와 의기로써 서로 충고 하기도 하고, 노래와 음악으로써 서로 즐겁게 놀기도 하여 좋은 산수들을 유람하는데, 아무리 멀리 떨어진 곳이라도 못 가는 데가 없었다. 이런 것으로써 그들의 성품이 정직하고 간사함을 알아내며, 또 그들을 골라서 조정에 추천했다.

그러므로 김대문이 '어진 재상과 충신이 여기에서 나오고 훌륭한 장수와 용감한 군사가 여기에서 양성된다.'고 한 말이 바로 이것이다.

태종무열왕까지 3대 왕조의 화랑이 무려 200여 명이나 되었으며, 그들의 빛나는 이름과 아름다운 사적들은 전기에 기재된 바와 같다. 흠운과 같은 이도 역시 화랑 무리의 한 사람으로서 그가 능히 나라 일에 목숨을 바쳤으니 화랑의 이름을 욕되게 하지 않았다고 이를 만하다.

한편, 화랑제도 설치에 관한 기사는 <삼국사기> '신라본기' 진흥왕 37년(576년) 조에도 나오는데, 그 내용은 다음과 같다.

봄에 비로소 원화를 받들었다. 처음에 임금이나 신하들이 인재를 알아볼 수 없는 것을 걱정하여 무리지어 놀도록 하고, 그들의 행동거지를 살펴본 뒤에 이를 천거하여 쓰기로 했다. 그리하여 드디어 어여쁜 여자 두 명을 골랐는데 하나는 남모(南毛)요, 하나는 준정(俊貞)이었다.

무리 300여 명을 모았더니 두 여자가 미모를 다투어 서로 질투하다가 준정이 남모를 자기 집으로 유인하여 억지로 술을 먹여 취하게 하고 강물에 던져 죽였으므로 준정은 사형을 당하고 그 무리는 화목이 깨어져 흩어지고 말았다.

그 뒤에 다시 얼굴이 어여쁘게 생긴 남자를 택해 곱게 단장시키고 이름을 화랑이라고 불러 이를 받들었다. 그런 뒤 무리가 구름처럼 모여들어 혹은 서로 연마하고 혹은 음악으로써 서로 즐기며 산수를 즐겨 찾아다니며 유람하되 그들의 발길이 닿지 않은 곳이 없었다.

이로 인해 그 인품의 바르고 바르지 못한 것을 알게 되어 그 가운데 선량한 인물을 택해 조정에 추천했다. 그러므로 김대문이 <화랑세기>에서 말하기를, '어진 재상과 충성스러운 신하가 여기에서 나오고 좋은 장수와 날랜 군사가 이로부터 나온다.'고 했다.

고운(孤雲) 최치원(崔致遠)은 <난랑비서문(鸞郞碑序文)>에서 이렇게 썼다. '나라에 현묘한 도가 있으니 이를 풍류(風流)라 한다. 이 교를 창설한 내력은 선사(仙史)에 자세히 밝혀져 있으니 실상인즉 세 가지 교(유·불·선)를 포함해 인간을 교화하는 것이다. 말하자면 집에서는 부모에게 효도하고 나가면 나라에 충성하는 것은 노 사구(魯司寇 : 공자)의 뜻이요, 아무것도 하는 일 없이 말없는 교훈을 실천하는 것은 주 주사(周柱史 : 노자)의 종지요, 모든 악행을 하지 않고 선행을 실천하는 것은 축건태자(竺乾太子 : 석가)의 교화이니 즉 이와 같은 것들이다.

당나라 영호징(令狐澄)은 <신라국기>에서 이렇게 썼다. '귀인 자제 가운데 고운 자를 택해 분을 발라 화장시키고 이름을 화랑이라고 불렀으니 나라사람이 모두 떠받들어 섬겼다.'

그러나 화랑의 설치 시기가 <삼국사기>보다 앞서 나온 <화랑

세기>나 그 뒤에 나온 <삼국사절요>·<동국통감>·<동사강목>
등에는 모두 진흥왕 1년(540년)의 일로 나온다.

특히 진흥왕 즉위 시 왕의 어머니 지소태후(只召太后)가 섭정을
했고, 당시 지소태후가 원화를 폐지하고 화랑을 설치했다는 <화
랑세기>의 기록이 정황상 신빙성이 높다. 이번에는 <화랑세기>
의 서문을 보자.

> 화랑은 선도(仙道)다. 우리나라(신라)에서 신궁을 받들고 하
> 늘에 대제(大祭)를 행하는 것은 마치 연의 동산이나 노의 태산
> 과 같다. 옛날 연부인(燕夫人)이 선도를 좋아하여 미인을 많이
> 모아 국화(國花)라 이름 했다.
>
> 그 풍습이 동쪽으로 흘러들어 우리나라에서도 여자로써 원
> 화를 삼게 되었는데, 지소태후가 원화를 폐지하고 화랑을 설
> 치하여 국인들로 하여금 받들게 했다. 이에 앞서 법흥대왕이
> 위화랑(魏花郎)을 사랑해 '화랑'이라고 불렀다. 화랑이란 이름
> 은 여기서 비롯되었다.
>
> 옛날에 선도는 단지 봉신(奉神)을 주로 했는데, 국공(國公)들
> 이 봉신을 베풀어 행한 뒤 선도는 도의를 닦기에 서로 힘썼다.
> 이에 어진 재상과 충성스러운 신하가 이로부터 빼어났고, 훌
> 륭한 장수와 용감한 병졸이 이로부터 나왔다. 화랑의 역사를
> 알지 않으면 안 된다.

이 기록을 보면 김부식이 <삼국사기>를 편찬할 때 <화랑세기>
를 참조하여 '신라본기'와 '열전' 두 군데에 인용한 것을 알 수 있다.

그러면 <화랑세기>는 어떤 책인가. <삼국사기> '열전' 설총(薛

聰) 편을 보면 설총의 전기 뒤에 최승우(崔承祐)·최언위(崔彦撝)와 함께 김대문에 관한 이야기가 간략히 나온다.

거기에 이르기를, '김대문은 신라 귀족의 자제로서 성덕왕 3년(704년)에 한산주 도독을 지냈다. 그가 전기 몇 권을 지었는데, 그 가운데 <고승전>·<화랑세기>·<악보>·<한산기> 등은 지금도 보존되어 있다.'고 했다. 따라서 <화랑세기>는 김부식이 <삼국사기>를 편찬하던 고려 인종 23년(1145년)까지도 존재했다는 이야기가 된다.

그러나 그 뒤 언제 어디로 사라졌는지 나타나지 않다가 그로부터 844년이 지난 1989년 2월에 부산에서 32쪽 분량의 <화랑세기> 발췌본이 나타났다. 이어서 1995년 4월에는 162쪽 분량의 <화랑세기> 필사본이 나타났다. 이 필사본은 일제강점기인 1933년부터 1945년까지 일본 궁내성 도서료의 촉탁으로 일했던 박창화(朴昌和) 씨가 필사한 것이라고 한다.

박창화 씨는 1965년에 죽었는데, <화랑세기> 필사본이 갑자기 출현하자 곧 치열한 진위논쟁이 벌어졌다. 양측의 주장은 아직도 팽팽히 맞서고 있지만, 최근에는 진본 쪽에 좀 더 무게가 기울고 있다.

<화랑세기>에는 진흥왕 1년부터 신문왕 1년(681년)까지 존재했던 제1세 풍월주 김위화(金魏花)부터 제32세 풍월주 신공(信功)에 이르는 풍월주 32명의 전기와 가계, 그리고 화랑의 조직과 파벌 등이 실려 있다.

김문노는 이 가운데 제8세 풍월주로 나온다. 문노 편의 첫 부분에 그의 가계에 관해 이렇게 기록되어 있다.

아버지는 비조부(比助夫)이고, 할아버지는 호조(好助)이며, 증조부는 비지(比知)이다. 호조의 어머니는 등흔공(登欣公)의 누이인 조리(助里)이다. … 비조부는 호조의 첩 문화공주와 통하여 공(文弩)을 낳았다. 문화공주는 북국왕(北國王)의 딸이다. 또는 야국왕(野國王)의 딸이라고 한다.

여기에서 김문노의 증조부로 나오는 비지는 내물왕의 후손으로 제1세 풍월주 위화랑 편에 따르면 비량(比梁)의 아버지로 나오고, 부인은 묘양(妙陽)이라고 했으니, 이 기록을 그대로 따라 가계를 살펴본다면 김문노의 증조부 김비지는 조리라는 또 다른 여인에게서 문노의 조부 김호조를 낳았다는 말이 된다.

따라서 <화랑세기>를 분석해보면 김문노와 김사다함은 사제 관계이기도 하지만, 또한 같은 내물왕의 7세손으로서 조부는 다르고 증조부는 같은 김비지라는 족형제 관계라는 사실을 알 수 있다.

즉, 김비태(金比太)의 아들 비지가 묘양과 혼인하여 비량을 낳고, 조리와 혼인하여 호조를 낳았는데, 비량은 벽화부인(碧花夫人)과 관계하여 구리지(仇利知)를 낳고, 구리지는 금진(金珍)과 관계하여 토함(吐含)·사다함·새달(塞達) 등 2남 1녀를 낳았던 것이다. 한편, 호조는 비조부를 낳고, 비조부는 아버지 호조의 첩이었던 문화공주와 몰래 상통하여 문노를 낳았다.

우리는 신라와 고려 왕실이 근친혼으로 혈통을 보존한 사실을 잘 알고 있다. 그러나 <화랑세기>에 나오는 당시 신라 왕족과 귀족 집단의 혈연관계, 성관계는 오늘의 윤리도덕관으로는 도저히 이해할 수 없을 만큼 복잡하기 그지없다. 가계도를 제대로 만들 수 없을 정도다. 오죽하면 '신라의 후예'를 자처했던 김부식 조차 자신의 직계 조상들이기도 한 신라 왕족·귀족들의 자유분방한 연애관과 성관계에 대해 이렇게 개탄했겠는가. 그는 <삼국사기> '신라본기' 내물이사금 즉위 조에서 이렇게 썼다.

> 아내를 얻을 적에 같은 성씨를 얻지 않는 것은 인륜의 분별을 두터이 하기 때문이다. (중략) 신라에서는 같은 성씨끼리 혼인을 하는 데 그치지 않고 형제의 자식이나 고모·이모·사촌자매까지 아내로 맞았으니, 비록 외국으로서 각기 풍속이 다르다고 할지라도 중국의 예속(禮俗)으로서 이를 따진다면 큰 잘못이라고 하겠다. 흉노가 그 어미와 상관하고, 자식과 상관함은 또 이보다 더 심한 경우라고 하겠다.

그런데 <삼국사기>에 김문노의 증조부 김비지의 이름이 나온다. '신라본기' 소지마립간 15년 조에 이렇게 나온다. '봄 3월에 백제왕 모대(牟大 : 동성왕)가 사신을 보내 혼인을 청하므로 왕이(진골인) 이벌찬 비지(比智)의 딸을 보냈다.'

이 기록은 또 '백제본기' 동성왕 15년 조에도 있는데, 비지의 이름이 <화랑세기>에는 '比知', <삼국사기>에는 '比智'로 다를 뿐이다. 그것은 우리말 이름을 한문자로 기록한 데서 온 차이이니 별로 중요하지 않다.

<화랑세기>에 따르면 김문노는 진평왕 28년(606년)에 69세로 죽었다고 했으니, 이를 역산해보면 그는 법흥왕 24년(547년)에 태어났다.

문노가 태어난 해는 신라가 처음으로 건원(建元)이란 연호를 세우고 칭제한 다음해였고, 이차돈(異次頓)의 순교로 불교가 공인된

지 10년이 흘러 불교가 신라의 국교가 되다시피 하여 융성해질 무렵이었다.

또한 문노가 태어나기 5년 전인 법흥왕 19년에는 금관가야의 마지막 임금 구형왕(仇衡王 : 金仇亥)이 왕비와 세 아들 노종(奴宗)·무덕(武德)·무력(武力)을 데리고 신라에 항복, 신라의 국세와 국력이 급신장하게 된 계기가 되기도 했다.

그런데, <화랑세기> 제8세 풍월주 문노 편을 보면 그의 어머니 문화공주는 가야국 공주라고 했고, 또는 야국 왕이 바친 공녀라고 했다. 여기에서 말한 야국이 왜국을 가리키는지는 분명하지 않지만 당시 왜가 신라에 공녀를 바쳤을 가능성이 전혀 없는 것은 아니다.

또는 북국 왕의 공주라고도 했는데, 북국이란 법흥왕이 가야를 남·북 두 나라로 나눈 그 북가야를 가리킨다.

당시 신라는 금관가야의 세력 약화에 따라 붕괴된 가야연맹을 남북으로 나누어 이뇌(異腦)를 북국(북가야) 왕으로 삼고, 양화공주(兩花公主)를 그의 부인으로 삼았으며, 청명(靑明)을 남국 왕으로 삼았다고 했다.

그 뒤 이뇌왕의 숙부 찬실(贊失)이 이뇌를 내쫓고 왕위를 차지했다. 그때 김문노의 조부 김호조가 북가야에 사신으로 가서 이를 책망했다는 것이다. 이에 앞서 찬실은 야국 왕의 사위가 되었고, 문노의 어머니 문화공주는 찬실의 딸일 것이라고 덧붙였다. 이 문화공주는 처음에 호조의 첩이 되었는데, 호조의 아들 비조와 몰래 상관하여 문노를 낳았다는 것이다.

이렇게 태어난 김문노는 어려서부터 검술을 배워 마침내 검술의 달인이 되었고, 의로운 일에 남보다 앞장서는 이름난 협객으로 성장했다.

뒷날 진흥왕 22년(561년)에 제자인 김사다함이 김이사부의 부장(副將)으로서 가야 정벌전에 출전할 때 스승인 문노에게 함께 가기를 청하자 문노는 이렇게 말했다.

"가야는 나의 외가의 나라다. 어찌 어머니의 아들 된 도리로서 외조부의 백성들을 칠 수 있겠는가?"

문노가 거절하자 사다함의 낭도 가운데 문노를 비난하는 자들이 있었다.

사다함은 이런 말로 그들을 꾸짖었다.

"나의 스승 김문노는 의로운 사람이다. 어찌 그를 비난할 수 있는가?"

그리고 가야 정벌 시 부하들에게 사람들을 함부로 죽이지 못하게 해 스승의 뜻에 보답했다.

가야 정벌전 당시 사제 간이면서도 족형제 간인 문노는 24세, 사다함은 불과 16세였다.

그런데 <삼국사기>에는 사다함이 가야 정벌전에서 개선한 뒤 친구 무관랑(武官郎)의 죽음에 상심하여 죽은 것이 진흥왕 23년(562년)의 일로 나온다.

그러면 같은 내물이사금의 7세손으로서 나이어린 사다함은 화랑 중의 화랑인 풍월주에 오르고 귀당비장(貴幢裨將)으로 가야 정벌군의 부사령관이 되었음에도 불구하고 그의 스승인 문노는 어찌하여 아무 벼슬도 하지 못한 채 초야의 협객으로 머물고 있었을까.

그 까닭은 부계보다 모계를 더 중시했던 당시에 문노의 어머니 문화공주가 가야 출신 첩의 신분으로 아무 골품이 없었기 때문이다. 그리고 어머니가 본래 할아버지의 첩이었는데 그 아들과 밀통하여 문노를 낳았다는 사실도 문노의 신분상승에 불리하게 작용했다.

또 중요한 사실은 그의 아버지 비조가 요즘 식으로 말하면 줄을 잘못 섰기에 출세를 못 한 점도 있었다. 즉, 비조는 아버지 호조의 뒤를 이어 가야에 자주 사신으로 가서 분쟁을 해결하는 등 능력을 발휘하여 법흥왕의 신임을 받았다. 그 공으로 청화공주(靑華公主)의 딸 청진공주(靑珍公主)에게 장가들었다. 부인인 청진공주가 법흥왕의 총애를 받아 후궁이 되자 그 덕분에 비조는 요직에 발탁될 수 있었다.

법흥왕 24년(537년)에 왕이 측근인 박영실(朴英失)을 부군(副君)으로 삼아 장차 왕위를 물려주려고 했는데, 다른 왕족들의 반발을 두려워해 비조부를 병부령으로 삼고 군권을 장악하게 했다. 이에 앞서 비조부는 눈치가 빠른 사람이어서 법흥왕이 영실을 총애하는 것을 보고 그의 충복이 되어 극진하게 섬겼다.

그런데 박영실은 지소태후의 계부(繼夫)였다. 지소태후는 법흥왕의 딸로서 친삼촌인 김입종(金立宗)에게 시집가서 진흥왕을 낳았다. 입종이 죽자 법흥왕의 명령에 따라 영실을 계부로 삼았으나 그녀는 영실을 좋아하지 않고 김이사부를 사랑하여 둘 사이에서 아들 김세종과 딸 셋을 낳았다.

그러다가 뒷날 진흥왕이 불과 7세의 어린 나이에 등극하고 지소태후가 섭정을 맡자 박영실과 김비조는 실각하여 술이나 마시고 바둑이나 두면서 처량하게 여생을 보냈던 것이다.

김문노가 제4세 풍월주 이화랑(二花郎)의 부탁을 받아 사다함의 스승이 되었을 때 그는 이미 500여 명의 낭도를 거느린 화랑이었다. 사다함의 형 토함이 이화랑의 부제(副弟)로 있을 때 사다함은 불과 15세에 이미 1천여 명의 낭도를 거느린 당당한 화랑이었다.

그때 무관랑도 인망이 있어 따르는 낭도가 많았다. 사다함이 나이는 비록 어리나 의기가 빼어나다는 말을 들은 무관랑이 사다함을 만나보고 크게 기뻐하며 말했다.

"공자는 실로 훌륭한 사람이니 앞으로 제가 기꺼이 섬기고자 합니다."

그러자 사다함이 말했다.

"나이어린 제가 어찌 감히 선배를 거느리겠습니까?"

그러나 골품이 없는 무관랑이 계속 수하에 들기를 원하자 마침내 사신(私臣 : 가신)으로 받아들였다. 이화랑이 이 말을 듣고 지소태후에게 아뢰었다.

"토함의 아우 사다함은 나이 아직 어리나 하마(벌써) 많은 낭도를 거느렸으니 자못 국선이라고 할 만합니다."

이에 지소태후가 사다함을 궁중으로 불러들여 음식을 내리고 사람을 거느리는 방법을 묻자 사다함이 이렇게 대답했다.

"사람 사랑하기를 제 몸 같이 할 따름입니다. 그 사람의 좋은 점을 좋다고 하는 것뿐입니다."

태후가 매우 기특하게 여겨 진흥왕으로 하여금 귀당비장을 삼아 궁문 지키는 업무를 관장토록 했다.

또 풍월주 이화랑은 김문노에게 부탁하여 사다함의 스승이 되어 검술을 가르쳐주도록 했다. 문노가 처음에는 이렇게 말하며 사양했다.

"검은 곧 한 사람을 대적하는 것인데, 어찌 고귀한 사람이 배울 필요가 있겠습니까?"

그러자 이화랑이 말했다.

"한 사람을 대적하지 못하는 자가 어찌 만인을 대적할 수 있겠습니까? 이 아이는 호협(豪俠)을 좋아하여 비록 따르는 무리는 많다고 하지만, 그 적이 전혀 없다고 할 수도 없으니 국선이 보호해 주기를 바라는 것입니다."

이에 문노가 응낙하여 자신의 낭도 500명을 데리고 사다함의 무리와 합치고 그의 사부가 되었다.

김문노가 이처럼 화랑의 대부로서 신망이 높고 따르는 낭도가 많아지자 권력층의 관심도 차츰 높아져갔다. 먼저 진흥왕의 부인 사도왕후(思道王后)가 김문노를 몰래 도와 호의를 사려고 했다.

그런데 문노는 사도왕후의 조카요 풍월주 김세종의 부인인 김미실(金美室)을 좋아하지 않았다. 진흥왕의 후궁 미실은 세종의 아내였지만 그때 진흥왕의 총애를 등에 업고 자신의 정부(情夫)인 설원(薛原)을 제7세 풍월주로 삼으니 문노의 낭도들이 이에 불복하여 문파를 따로 세웠던 것이다. 이것이 이른바 가야파였다.

화랑도가 김문노의 가야파와 설원파(미실파)로 나뉘자 문노파는 청의(淸議), 즉 정신적 정통이 자신들에게 있다고 주장했고, 설원파는 법적 정통성이 자신들에게 있다고 주장하여 팽팽하게 대립했다. 화랑도가 두 파로 갈라진 것이다. <화랑세기>는 당시의 사정을 이렇게 전한다.

설원랑의 낭도들은 향가를 잘하고 속세를 떠난 청유를 즐겼다. 그러므로 국인들이 문노파를 가리켜 '호국선(護國仙)'이라 했고, 설원파를 가리켜 '운상인(雲上人)'이라고 불렀다. 골품이 있는 자들은 설원을 많이 따랐고, 초야의 사람들은 문노를 많이 따랐다.

서기 576년 43세의 진흥왕이 죽고 둘째아들 금륜태자(金輪太子)가 즉위했으니 그가 진지왕이다. 그런데 진지왕은 방탕하여 사도태후와 미실궁주 등에 의해 579년에 폐위당하고, 일찍 죽은 진흥왕의 맏아들 동륜태자(銅輪太子)의 아들인 김백정(金白淨)을 왕위에 앉히니 그가 진평왕이다.

진지왕 폐위와 진평왕 즉위의 전후 사정을 보자.

진흥왕이 죽자 사도·미실·세종·설원 등 측근은 이를 비밀로 하고 사도태후가 미실로 하여금 금륜태자와 정을 통하게 하여 왕후 자리를 보장받게 한 다음 즉위토록 했다.

그렇게 즉위한 진지왕은 숙명궁주의 소생인데, 숙명궁주는 또한 김이사부와 지소태후 사이의 소생이다. 따라서 숙명궁주는 진흥왕과는 씨 다른 남매간이었다.

사도태후와 미실궁주는 혹시 있을지 모르는 신민들의 불만을 우려해 조정 안팎에서 명망 높은 중신인 김거칠부를 수상인 상대등으로 임명했으나 거칠부가 연로하다는 이유로 사양하므로 사도태후의 오라비인 김노리부(金弩里夫)로 하여금 상대등을 맡게 했다.

이렇게 미실궁주의 힘으로 왕위에 올랐지만 진지왕은 미실을 왕후로 삼겠다는 약속을 까맣게 저버린 채 정사도 돌보지 않고 오로지 엽색행각에만 여념이 없었다.

이에 사도태후와 미실은 진지왕을 폐위시키기로 작정했다. 두 여자는 화랑의 우두머리인 풍월주 김세종에게 그런 내용의 밀조(密詔)를 내렸다. 하지만 당시 화랑도가 문노파와 미실파로 갈라져 있었으므로 세종이 그의 낭도들만 거느리고 거사를 한다면 강직한 문노의 반발을 불러일으켜 자칫 잘못하다가는 내전이 일어날지도 몰랐다.

그래서 원화제도를 부활시키기로 하고 미실이 원화를 맡았다. 세종은 문노를 찾아가 태후의 밀조를 보여주고 협조를 당부했다. 문노가 보기에 이 뒤에는 틀림없이 미실이 있을 것이지만 진지왕이 하는 꼴을 그대로 내버려두었다가는 나라가 폭삭 망할 것 같기에 어쩔 수 없이 협력을 약속했다.

원화로 복귀한 김미실은 전 남편인 김세종은 상선(上仙), 김문노를 아선(亞仙), 설원과 비보(秘寶)는 각각 좌·우 봉사화랑, 자신의 남동생 미생(美生)을 전방 봉사화랑으로 임명했다.

그리고 거사가 성공한 뒤 문노는 세종과 미실의 부탁을 받아들여 제8세 풍월주를 맡았다. 이에 앞서 문노는 진지왕에 의해 국선으로 임명되었는데, 이를 선화(仙花)라고도 불렀다. 미실이 원화를 내놓고 다시 풍월주를 부활시켜 문노에게 그 자리를 맡기자 처음에 문노는 이렇게 말하며 거절했다.

"국선은 풍월주보다 아래가 아니고, 나는 세종과 설원의 스승인데 어찌 그 직위를 물려받을 수 있겠는가?"

그러자 설원 등이 이렇게 설득했다.

"국선은 전 임금(진지왕)이 설치한 것이지 풍월주의 정통은 아닙니다. 또 전에 김세종이 전군의 몸으로 김사다함의 뒤를 이은 경우도 있지 않았습니까?"

그런 사연 끝에 결국 김문노는 풍월주에 취임하게 되었다. 썩 마음이 내키지는 않았지만 어디까지나 한 번 섬기기로 작정한 김세종의 체면을 위해서였다. 문노는 이처럼 의리의 사나이였다.

김문노의 낭도들이 국선 문노가 미실과 설원 등에게 설득당해 풍월주가 된 것이 못마땅하여 불평하자 문노가 이들을 꾸짖고 달랬다.

문노는 진지왕 즉위 직후 지도왕후가 임금에게 말해 문노에게 제7위 일길찬 벼슬을 내렸으나 받지 않았는데, 진지왕 폐위사건에 개입한 뒤 진평왕 즉위에 공이 있다고 하여 내린 제2위 이찬 벼슬은 받았다.

제1위 이벌찬(각간)과 제2위 이찬, 제3위 잡찬(소판), 제4위 파진찬, 제5위 대아찬까지는 진골들만 앉을 수 있는 벼슬이었다. 이로써 문노는 공식적으로 진골, 즉 신라 귀족의 일원으로 편입되었다.

진평왕으로부터 칼자루가 화려한 금동으로 조각된 용봉환두의 보검을 받고 풍월주가 된 김문노는 화랑도의 조직을 개편했다.

우두머리 풍월주와 버금가는 부제 다음인 좌·우 봉사화랑은 좌·우 대화랑, 전방 봉사화랑은 전방 대화랑으로 개칭하여 각각 3부의 낭도를 거느리게 했다. 또 진골화랑·귀방화랑·별방화랑·별문화랑을 두고, 좌화랑 2명, 우화랑 2명을 두어 각각 소화랑 3명, 묘화랑 7명을 거느리게 했다.

김문노가 뒤늦게 혼인을 한 것은 풍월주로 취임하기 전, 김세종을 모시고 서부전선 대 백제전에 출전했다가 공을 세우고 개선하여 국선이 된 다음이었다. 진지왕 때였다.

부인은 김윤궁(金允宮). 김거칠부와 김미진부(金味珍夫)의 누이동생 사이에서 낳은 딸이었다. 윤궁은 처녀가 아니었다. 윤궁은 문노의 부인이 되기 전에 진흥왕의 맏아들 동륜태자를 후궁으로 섬겨 딸 윤실(允室)을 낳은 뒤, 동륜태자가 죽자 과부로 지낸 지 5년째였다.

윤궁은 처음에 문노가 자신과 같은 진골이 아닌 무품이므로 신분이 맞지 않아 혼인하기를 꺼려했으나 한 번 만나본 뒤 서로 마음에 들어 혼인하여 대강(大剛)·충강(充剛)·금강(金剛) 3남과 윤강

(允剛)·현강(玄剛)·신강(信剛) 3녀를 두었다.

<삼국사기>에 따르면 이 가운데 셋째아들 김금강은 태종무열왕 2년(655년) 정월에 이찬으로서 상대등이 되었고, 무열왕 7년 정월에 죽었는데, 그 뒤를 이어 상대등이 된 사람이 이찬 김유신이었다.

그는 풍월주 자리를 제자인 김비보(金秘寶)에게 물려준 뒤 아내 윤궁과 수레를 타고 야외로 놀러 다니며 풍류를 즐겼다. 그렇게 여생을 보내다가 진평왕 28년(606년)에 세상을 떠나니 당시 나이 69세였다. 평균나이가 40세 미만이던 신라시대에 70까지 살았으면 매우 장수한 셈이다.

김문노가 죽자 조정은 그의 벼슬을 제1위 각간으로 추증했고, 국가의 사당에 초상화를 걸어 그의 업적을 길이 기렸다. 죽어서 신으로 추앙받았던 것이다.

서라벌의 으뜸가는 검객이며 협객이었던 김문노, 그는 신라 화랑의 대부였다. 김문노가 양성한 후배 화랑 김사다함·김유신·김흠순·김흠운·김반굴·김관창 등은 삼한통일전쟁과 나당전쟁에서 커다란 공훈을 세워 역사에 이름을 남기게 되는 것이다.

제3장

고
구
려
의

망
국

···

    고구려 보장왕 8년(649년) 7월에 당 태종 이세민이 죽었다. 644
년에 여당전쟁(麗唐戰爭)을 일으켜 5년 동안 500만 명에 이르는 양
국의 군사와 백성의 무고한 생명을 무참하게 짓밟은 전쟁범죄자
이세민이 요동에서 얻은 등창과 안질과 풍질 때문에 나이 50세로
마침내 죽어버렸던 것이다.

    그 뒤를 이어 태자 이치(李治)가 당나라 제3대 황제로 즉위했다.
그가 당 고종이다. 이치는 죽은 아비에게 태종문황제(太宗文皇帝)란
시호를 바쳤다. 그래서 이세민이 죽은 뒤에는 그를 '당 태종'이라
고 부르게 된 것이다.

    하지만 이세민이 죽었다고 해서 전쟁이 완전히 끝난 것은 아니
었다. 이세민이 죽기 전에 고구려 원정을 중지하라고 유언했다는
것도 틀린 말이다. 이런 소리는 <삼국사기(三國史記)>에만 나오는
데, 이는 김부식(金富軾)이 중국의 사서 <자치통감(資治通鑑)>을 잘
못 인용하여 서술했기 때문이다.

    <자치통감>에는 이세민이 죽기 전에 국내 정치의 혼란을 수습
하고 안정을 기하기 위해 고구려 원정을 비롯해 여러 토목공사를
일단 중지하라고 지시했는데, 김부식이 이 대목을 오해하고 이세
민의 말을 줄여서 인용했기에 비롯된 것이다.

    나라가 망했기 때문에 고구려 말기의 역사는 고구려 사람의 손
으로 쓰일 수 없었다. 고구려 망국사는 고구려를 멸망시킨 당나
라와 신라 사람들에 의해 쓰였다. 따라서 김부식이 <삼국사기>를

편찬할 때도 고구려 망국의 역사는 중국과 신라의 사서들을 보고 참고할 수밖에 없었다.

고구려 원정을 중지하라는 이세민의 유언이 <구당서(舊唐書)>와 <신당서(新唐書)>, <책부원구(冊府元龜)>처럼 고구려 망국의 기사가 실린 다른 사서에는 전혀 나오지 않는다. 오직 <자치통감>에만 나오는 기사를 김부식이 그렇게 간단히 줄였던 것이다.

사실 중국의 사서들이 없었다면 김부식의 <삼국사기>도 없었을지 모른다. 이른바 <구삼국사(舊三國史)>라는 삼국의 남은 기록만 참조하여 <삼국사기>를 편찬했다 하더라도 김유신(金庾信)은 나오지만 을지문덕(乙支文德)과 연개소문(淵蓋蘇文), 장보고(張保皐) 등은 나오지 않았을 것이다.

이는 김부식 자신의 입으로 한 말이니 조금도 의심할 수 없는 사실이다. 김부식은 <삼국사기> '열전' 김유신 편의 끝에서 이렇게 털어놓았다.

> 지략이 특출한 을지문덕과 의협심을 가진 장보고 같은 사람이 있었지만 중국의 서적들이 없었다면 이 사적들이 없어져서 후세에는 알지 못했을 것이다.

다시 말해서 <구당서>와 <신당서>, <자치통감>과 <책부원구> 같은 중국의 사서가 없었다면 고구려 망국사를 그나마 이 정도로도 알 길이 없었다는 말이다.

좌우지간 그렇게 이세민의 죽음을 계기로 전쟁은 일단 소강상태로 접어들었다. 하지만 그것은 정전협정도 휴전협정도 없는 일시적인, 매우 불안한 평화였다.

고구려의 집권자 대막리지 연개소문(淵蓋蘇文)은 전쟁도 전쟁이지만 무엇보다도 국력 회복이 우선이라고 판단했다. 당나라와의 전쟁이 지속된 지난 5년간 농업이건 어업이건 목축이건 생산 활동이 제대로 안 되는 바람에 민생의 궁핍이 말이 아니었다. 생산이 없으니 매매할 물건이 있을 턱이 없었다.

　이래저래 죽어나는 것은 힘없고 불쌍한 백성뿐이었다. 숨을 돌리고 피폐해진 민생부터 돌보기 위해서는 일단 시간을 벌어야만 했다.

　이세민의 죽음이 알려지자 연개소문은 즉각 당나라에 조문사절이란 명목으로 사신을 파견했다. 물론 조문사절을 명목으로 삼아 화친을 청하고, 시간을 끌고, 또한 당나라의 내부사정을 파악하기 위함이었다. 당나라도 국상(國喪) 중이라 고구려와 전쟁을 지속할 명분과 여유가 없었기에 일단 고구려의 화친 요청을 받아들였다.

　그리하여 3년 동안 요동전선은 육지든 바다든 큰 충돌 없이 각자 전후 복구사업에 힘을 쏟을 수 있었다.

　하지만 국토가 넓고 인구가 많고 물산이 풍부한 당나라, 인구가 매우 적고 물산도 매우 부족한 고구려는 회복 속도에서 비교가 되지 않았다.

　고구려의 유일한 동맹국인 백제가 망한 것은 660년 7월 18일. 백제가 망함으로써 고구려는 완전히 고립됐다. 일이 이렇게 된 것은 그토록 막강하던 고구려와 백제의 수군이 서해의 제해권을 상실함으로써 비롯된 것이었다. 그런 까닭에 당나라 장수 소정방(蘇定方)이 13만 대군을 수천 척의 군선에 나누어 싣고 마음 놓고 서해 바다를 건널 수 있었던 것이다.

그때 당나라가 백제를 멸망시킨 것은 오로지 신라의 요청에 따른 것이었다. 백제는 당나라의 국가안보에 거의 해가 되지 않았지만, 단지 고구려의 동맹국이며, 신라를 자주 공격했다는 이유로 망국지화를 당한 것이었다. 또한 이는 결국 나당 양국이 고구려를 포위 공격하기 위한 전초전에 불과했다.

보장왕 19년(660년) 11월에 당은 제2차 고구려원정군을 일으켰다. 당 고종 이치는 이민족인 돌궐족의 일파 철륵 출신 좌효위대장군 계필하력(契苾何力)을 패강도행군대총관으로, 좌무위대장군 소정방을 요동도행군대총관으로, 좌효위장군 유백영(劉伯英)을 평양도행군대총관으로, 정주자사 정명진(程明振)을 누방도행군대총관으로 삼아 고구려를 공격토록 명했다.

그런데 이번 제2차 원정군의 주력은 수군이었다. 서해의 주인이 더 이상 고구려와 백제 수군이 아니었기 때문이다. 당 수군은 마음 놓고 바다를 휘젓고 다녔다. 요하를 건너 요동으로 침공한 당 육군의 역할은 오로지 수군의 고구려 침공을 위한 양동작전(陽動作戰)밖에 없었다.

그동안 연개소문은 거의 손을 놓고 있다가 유일한 동맹국 백제가 멸망하는 실책을 뼈저리게 느끼고 때늦었지만 백제 광복군의 지원에 적극 나섰다.

그해 11월에 장군 뇌음신(惱音信)을 시켜 신라의 군사 요충 칠중성을 공격, 성주 김필부(金匹夫)를 죽이고 성을 점령토록 한 것이다. 뇌음신은 이듬해 5월에도 말갈 출신 장수 생해(生偕)와 더불어 군사를 이끌고 신라의 술천성과 북한산성을 공격했다. 하지만 그 모두 뒤늦은 일이었다.

해가 바뀌어 보장왕 20년(661년)이 되자 당은 고구려 원정군의 편제를 대폭 변경했다. 그해 정월에 홍려경 소사업(蕭嗣業)으로 부여도행군총관을 삼아 회흘 등 이민족 군사를 이끌고 평양을 공격토록 했고, 4월에는 병부상서를 지낸 임아상(任雅相)을 패강도행군총관으로 삼고, 계필하력은 요동도행군총관으로, 소정방을 평양도행군총관으로, 방효태(龐孝泰)를 옥저도행군총관으로 삼아 6개 방면군 35개 군단 40만 대군을 거느리고 고구려를 치게 했다. 지난번에 임명했던 대총관을 모조리 총관으로 강등한 것이었다.

하지만 이듬해 662년까지 이어진 제2차 고구려 원정은 당군의 절반 이상이 궤멸당하는 일대 참패를 기록했다. 특히 임아상·정명진·방효태 등이 거느린 군단은 완전히 전멸당하고 각군 사령관인 총관도 전원 전사함으로써 당나라는 당분간 고구려 정벌을 단념할 수밖에 없었다.

임아상과 방효태를 잡아 죽인 사람은 바로 대막리지 연개소문이었다. 패강도행군총관 임아상의 군단 3만여 명이 평양 외곽에, 옥저도행군총관 방효태의 군단 3만여 명이 패수 지류인 사수(蛇水)까지 진격해 각각 진을 쳤다는 보고를 받은 연개소문은 분기탱천하여 몸소 고구려의 최정예군인 조의선인군(皂衣仙人軍) 5만 명을 이끌고 출전했다.

연개소문은 먼저 임아상의 군단을 공격하여 임아상을 죽이고 그 부대를 전멸시켜버렸다. 이어서 사수로 달려가 방효태의 군단을 포위, 공격했다.

전황이 다급해지자 방효태의 부하 장수들이 방효태에게 이렇게 권했다.

"방 총관! 빨리 포위망을 뚫고 유백영이나 조계숙의 진영에 가야만 합니다!"

그러자 방효태가 이렇게 말했다.

"내가 고조[이연]와 태종[이세민] 두 황제를 섬겨 지나친 은총을 입었는데 고려를 멸망시키지 못하고 어찌 돌아갈 수 있겠는가? 유백영 등이 어찌 나를 구할 수 있겠는가? 내가 데려온 향리의 자제 5000여 명이 모두 죽었는데 어찌 나 하나만 살기를 구하겠는가?"

곧 이어 연개소문이 철기군을 이끌고 육박해 맹공을 퍼부으니 삽시간에 수만 명이 죽었다. 방효태도 몸에 화살이 고슴도치처럼 박혀 그의 아들 13명과 함께 모두 한 자리에서 죽었다.

이렇게 임아상과 방효태의 2개 군단이 몰살에 가까운 참패를 당하자 평양성 외곽에 주둔하던 소정방은 신라의 김유신이 죽을 힘을 다해 가져다준 군량미를 받기가 무섭게 뒤도 돌아보지 않고 서해를 건너 달아나버렸다.

한편 요동을 공격하던 누방도행군총관 정명진도 여지없이 궤멸당하고 본국으로 퇴각하던 중에 고구려 특공대의 기습을 받아 전사했다. 이것이 제2차 고구려 원정의 전말이었다.

이후 663년까지 2년 동안 고구려와 당 양국은 전쟁의 상처를 치유하느라 큰 충돌 없이 비교적 조용하게 보냈다.

연개소문은 난국을 타개하기 위해 왜국에 사신을 보내 군사적 유대 강화를 모색하는 한편, 백제광복군 지원을 위해 여러 가지 방안을 마련했으나 두 가지 모두 뜻대로 되지 않았다.

해가 바뀌어 보장왕 23년(664년). 돌발사태가 발생했다. 642년 혁명 이후 23년 동안 국정을 독단하던 최고 권력자 연개소문이 격무를 이기지 못해 쓰러지고 말았던 것이다. 그때 그의 나이 58세였다.

연개소문은 다시는 일어나지 못할 것을 알자 세 아들을 불러놓고 이렇게 유언했다.

"너희 형제는 절대로 관직을 탐내어 서로 다투어서는 안 된다! 아비는 이제 죽지만 너희는 서로 반목하여 결코 사람들의 웃음거리가 되는 일이 없도록 하라!"

이는 이복형제인 세 아들의 사이가 좋지 못하다는 사실을 연개소문 자신도 잘 알고 있었기에 한 말이었다.

연개소문이 죽던 그해에 맏이 남생(男生)은 30세로서 제2품관인 태대형으로 재상급인 막리지 벼슬에 있었다. 둘째 남건(男建)은 27세로서 제3품관인 울절로 장관급인 주부 벼슬을 하고 있었다. 막내 남산(男産)은 24세로서 제5품관인 중리조의두대형 벼슬을 하고 있었다. 이것이 연개소문의 한계였고, 고구려의 비극이었다. 오로지 자식들이란 이유로 자질을 확인하지도 않고 모두 높은 벼슬을 주어 국정에 참여시켰던 것이다. 따라서 연개소문의 죽음을 계기로 고구려 망국의 막이 올랐던 것이다.

연개소문이 죽고 장례가 모두 끝나자 남생이 대막리지 겸 삼군대장군 직에 올랐다. 때는 보장태왕 24년(665년)이었다.

그렇게 해서 권력 승계가 끝나는가 했으나 상황은 이상하게 돌아갔다. 대막리지 연남생이 5부 순시를 위해 황성을 비운 사이에 할 일 없는 한심한 인간들이 형제간의 이간질을 시작한 것이었다. 황성 평양성에서 한 인간이 남건과 남산에게 이런 말을 했다.

"그대 둘은 앞으로 각별히 조심해야 하오! 내가 들은 정보에 따르면 남생이 이번 순시에서 돌아오면 그대들을 역적으로 몰아 죽인다고 하는구려."

한편 남생의 지방 순시를 수행한 자도 남생에게 이런 소리로 이간질을 했다.

"대막리지는 조심하오! 이 사람이 듣기에 남건과 남산이 장차 형을 내쫓고 둘이서 권력을 나누기로 했다는구려!"

"그럴 리가 있나요?"

"어허, 모르시는 말씀! 그 둘이서 형이 황궁에 돌아오면 저희를 내쫓을까봐 대막리지가 돌아와도 황성 안으로 들이지 않기로 했다지 뭐겠소?"

긴가민가한 남생은 자신의 심복부하를 비밀리에 황성으로 보내 사실 여부를 염탐해오도록 시켰다. 그런데 이 정보가 누설되어 심복부하가 남산과 남건에게 붙잡히고 말았다. 남산은 남생의 심복을 잡아가두고 황명을 빙자해 남생을 소환했다.

부하는 돌아오지 않고 느닷없는 소환명령이 내리자 남생은 일이 잘못됐음을 알아챘다. 남생이 귀환하지 않자 남건은 남생의 아들 헌충(憲忠)을 죽이고 자신이 대막리지가 되었다.

군사력에서 열세였던 남생은 북쪽으로 달아나 옛 수도인 국내성에서 재기를 모색했으나 역부족이었다. 동생들에게 배신당하고 자식까지 살해당한 원한에 남생은 이를 갈았다. 남생은 이성을 완전히 잃어버렸다.

남생은 둘째아들 헌성(憲誠)과 심복부하를 당나라로 보내 항복했다. 뜻하지 않던 남생의 항복에 당나라 조정은 환호했다. 연개소문이란 공포의 대왕이 버티고 있어서 그동안 정복하지 못한 고구려였다. 그 무섭던 공포의 대왕 연개소문이 죽고 없어지자 이제 고구려가 이빨도 발톱도 모두 빠진 병든 호랑이가 되어버린 것이었다.

보장왕 25년(666년) 12월에 당은 제3차 고구려원정군을 일으켰다.

총사령관인 요동도행군대총관 겸 안무대사는 73세의 노장 이세적(李世勣), 그 아래 계필하력과 방동선(龐同善)이 행군부대총관, 안륙(安陸)과 학처준(郝處俊)이 부총관, 병력은 50만 명에 달했다.

이 병력은 668년 9월 평양성을 포위 공격할 때에는 백만대군으로 불어났다. 이는 신라의 원정군 20만 명까지 합한 숫자였다.

이때 반역자 남생은 당군의 앞잡이가 되어 고구려 정벌군의 앞장에 섰다.

연개소문의 이복아우 연정토(淵淨土)가 신라로 망명한 것은 그해 12월이었다. 나라가 망하기 일보직전에 이르자 저 혼자 살겠다고 신라로 달아나버렸던 것이다. 아니, 저 혼자 망명한 것은 아니었다. 자신의 일족과 심복부하 24명, 12성 763호 3543명과 종자(從者) 24명을 거느리고 신라에 항복을 했으니 망해가는 나라의 등에 비수를 꽂고 달아난 셈이었다. 그렇게 부귀영화를 위해 조국을 버리고 신라로 달아났던 연정토는 고구려 망국 이후에는 다시 당나라로 건너가 편안한 여생을 보냈다.

연정토는 보장왕에게 딸을 후궁으로 바쳐 그 사이에서 보장왕의 서자이며 자신에게는 외손자가 되는 고안승(高安勝)을 보았다. 그럼에도 불구하고 그는 가장 앞서 조국을 배반했던 것이다.

사실 연정토가 조국을 등진 데에는 원죄가 있었다. 한때 천하무적이던 고구려 수군을 궤멸시킨 그지없이 무거운 책임이 있었기 때문이다.

당군이 처음부터 평양성을 수륙 양면으로 침공하지 못한 이유는 그때까지 막강하던 고구려 수군이 있었기 때문이다.

전에 당 태종 이세민이 안시성에서 더 버티지 못하고 퇴각한 이유도 성주 양만춘(楊萬春)이 잘 싸운 까닭도 있었지만, 평양도행군대총관 장량(張亮)이 거느린 당 수군이 고구려 수군에게 여지없이 패퇴하여 해로를 통한 군량 수송이 불가능하게 된 탓도 컸다.

그때 고구려 수군을 지휘한 사람이 연개소문의 이복 누이동생 연수영(淵秀英)이었다. 연수영은 연개소문의 혁명에 낭자군(娘子軍)을 이끌고 참여한 뒤 요동반도 남단 석성(石城)의 수군기지에 도사(道使, 성주)로 나가 고구려 수군을 육성해왔었다. 그러다가 이세민이 대군을 동원하여 고구려를 침공하자 장량의 수군을 바다에서 연달아 격퇴시켰던 것이다.

그해 645년 5월에 평양도행군대총관 장량이 이끈 수군은 요동반도 남단의 군사 요충인 비사성을 점령했다. 이에 앞서 비사성 성주 겸 요동함대 사령관인 고구려 수군 군주(軍主) 우소(于召)는 2만 명의 병력과 400여 척의 요동함대 주력군을 거느리고 출전했으나 발해만 묘도열도에서 폭풍을 만나 자멸하고 말았다.

이제 당군이 수륙합동작전으로 요동반도를 석권하고, 압록강이나 대동강 하구로 상륙하여 평양을 공격하는 것은 시간문제가 되었다.

연수영은 우소의 요동함대 주력군이 자멸했다는 급보를 받자 자신의 함대 100여 척을 거느리고 출전을 단행했다. 6월 3일 이른 아침에 연수영은 수군 5000명, 전선 100여 척의 석성함대를 이끌고 출전, 발해만 창려도에서 당 수군 부총관 설만철이 거느린 수송함대를 기습하여 적병 5000여 명을 죽이고 적선 100여 척을 격침시키는 빛나는 첫 승리를 거두었다.

첫 전투인 창려해전에서 승리를 거둔 연수영은 6월 26일에 벌어진 해양도해전에서 두 번째 승리를 거두었다. 적군 1만여 명을 죽이고, 적선 300여 척을 격침시키는 대첩을 거둔 것이다. 연수영은 적장 구효충(丘孝忠)의 목을 베어 대장선 돛대에 높이 매달고 석성으로 개선했다.

연수영은 건안성해전까지 세 차례의 해전에서 승리를 거둬 당수군의 진격을 저지한 전공으로 수군 도사에서 군주(軍主)로 승진했다.

7월에 당 수군대총관 장량은 비사성의 군세를 병력 10여 만 명, 전함 1000여 척으로 대폭 증강시킨다. 고구려 수군을 완전히 제압하여 제해권을 장악하고 안시성을 포위한 황제 이세민에게 군량과 무기 보급을 원활히 하기 위해서였다.

연수영은 제4차 출전을 단행, 당군이 군량을 저장한 묘도 군창을 기습하여 전함과 군량을 불태우고, 퇴각하는 적장 장검(張儉)의 함대를 추격하여 흑산도에서 격멸했다. 이렇게 4차에 걸친 해전에서 연수영은 당 수군 2만4000여 명을 죽이고 적선 약 300척을 격침시키는 빛나는 전과를 올렸다.

8월 15일. 황제로부터 연패에 대한 강한 질책을 받은 장량은 병력 7만5000명, 함선 750척의 대 함대를 이끌고 출전했다. 이로부터 보름 동안에 걸친 장산군도대해전이 벌어졌다. 내장산해협·외장산해협·노백성·광록도·장산도 일대에서 유인과 추격으로 이어진 장산군도해전에서 고구려 수군은 포위작전과 차륜전법(車輪戰法)으로 압박하는 압도적인 당 수군을 맞아 필사의 투혼으로 분전한 끝에 당 수군총관 상하와 좌난당을 비롯하여 적군 6만여 명을 격살하고, 적함 500여 척을 격침하는 세계 해전사상 유례없는 대첩을 거두었다.

장산군도대해전 결과 연수영은 완전히 제해권을 장악, 해로를 통한 당군의 보급선을 끊게 되었다. 보장왕은 연수영을 고구려 수군 최고의 계급인 원수(元首)로 임명했다.

반면 보급선이 막힌 이세민은 대로하여 수군대총관 장량을 파면, 하옥하고 부총관 장문한(張文幹)을 후임으로 임명했다.

이때 연수영의 또 다른 이복오라비 연정토가 그녀의 앞길에 커다란 장애물로 등장했다. 어려서부터 수영과 사이가 나빴고, 천성이 비열 음험한 연정토는 연수영의 빛나는 전공을 시기하여 끊임없이 중상 모략했다. 연수영이 병력 부족으로 적군을 막지 못하는 사이에 당군이 후방을 공격하자 그 책임을 물어 연수영은 파직되고 멀리 부여성으로 유배당했다.

연수영을 밀어내고 그 자리를 차지한 연정토는 패전을 거듭, 수영이 피땀 흘려 육성한 고구려 수군을 오합지졸로 만들고 결국은 파면당하고 만다. 대안은 결국 연수영뿐. 군주로 복직한 수영은 피눈물을 흘리며 수군을 재건했다. 연정토가 원균(元均)이라면 연수영은 이순신(李舜臣) 격이었다.

645년 9월 17일. 안시성의 이세민은 큰 기대를 걸었던 안시성 바깥 토산(土山)을 양만춘에게 빼앗긴 데 이어, 비사성에서 많은 군사가 죽고 제해권을 상실했다는 보고를 받자 자신의 패배를 인정하고 철군을 결심했다.

하지만 철군이 어디 쉬운 노릇인가. 박작성에서 대군을 거느리고 기다리던 공포의 대왕 연개소문의 무서운 반격전이 시작되었다.

이세민은 허겁지겁 요하를 건너 요택(遼澤)으로 들어서지만 보급은 부족하고 날씨는 점점 추워졌다. 수비에서 즉각 반격으로 전환한 고구려의 역습은 숨 돌릴 틈도 주지 않았다.

구사일생으로 목숨을 건진 이세민은 임유관을 지나 산해관으로 달아났다.

한편, 장문한이 거느린 당 수군은 비사성에서 철수하여 묘도로 퇴각했다. 그러나 연수영의 공격에 또다시 참패하여 이세민의 노여움을 사서 투옥되었다. 이세민은 장문한을 처형하고 후임에는 인물이 없어서 장량을 대총관으로 재기용했다.

그렇게 645년이 저물고 646년 1월이 되었다. 연수영은 고구려 요동야전군 총사령관인 병마대원수 고정의(高正義)와 상의 끝에 평양의 대막리지부에 당 수군의 본거지 공략을 건의한다.

연개소문의 승낙을 얻은 연수영은 고구려 사상 최대 규모인 4만7000여 명의 병력과 500여 척의 함대를 거느리고 산동반도 내주와 등주를 공격한다. 이 진공작전에서 적 2만여 명과 전함 300여 척을 분쇄하는 대승을 거둔다.

제1차 여당전쟁은 649년 4월에 당 태종 이세민의 죽음으로 일단락된다. 태자 이치가 이세민의 뒤를 이어 즉위했다.

연수영은 짧은 평화기를 이용하여 수군을 재정비하려고 노력하는데, 평생의 악연 연정토 등의 중상모략은 끈질기게 계속되었다. 수군을 증강하는 것을 역모로 몰아 음해하고, 결국은 보장왕과 연개소문의 의심까지 사게 되어 마침내 연수영은 다시 낙마했다.

평양으로 잡혀가 투옥된 연수영은 연정토에 의해 비열하게 독살당해 파란만장했던 37년 한 삶의 막을 내리고 말았다.

막강하던 고구려 수군도 연수영의 퇴장 이후 갈수록 약화, 결국 고구려는 제해권을 상실하고 말았던 것이다.

보장왕 26년(667년) 7월이 되자 고구려 정벌을 위한 모든 준비가 끝났다고 판단한 당 고종은 신라 문무왕에게 칙령을 보내 고구려를 칠 군사를 보내도록 명했다.

그때 신라는 태종무열왕 김춘추가 661년에 재위 19년 만에 죽고 그 아들 문무왕 김법민이 즉위한 지 7년째를 맞은 해였다.

문무왕은 8월에 장군 30명과 수만 군사를 거느리고 출전, 9월에는 한산정에 도착했다. 백제에 이어 고구려를 정벌하기 위한 나당연합군이 재발진한 것이었다.

사찬 김시득도 자신의 부대를 이끌고 출전했다.

그 무렵 당군 총사령관 이세적은 요하를 건너 신성을 포위하고 있었다. 충성심이 강한 고구려 장수 고방덕(高方德)이 성주로 있는 신성은 역대 전쟁에서 단 한 번도 함락되지 않은 요동 서부전선의 요충이었다.

그런데 신성에는 사부구(師夫仇)라는 반역자가 있었다. 사부구는 성이 포위되자 끝까지 싸우려는 성주 고방덕을 포박하여 그대로 성문을 열고 항복하고 말았다.

이세적은 쾌재를 부르며 부대총관 방동선과 고구려 출신 장수인 고간(高侃)을 신성에 주둔시키고 계속 동남쪽으로 진격했다. 신성이 떨어지자 주변의 16개 성이 삽시에 무너졌다.

그러자 오골성으로 건너와 있던 남건은 5만 대군을 이끌고 신성을 탈환하기 위해 역습을 가했다. 그것이 실책이었다. 당 좌무위 장군 설인귀(薛仁貴)의 공격에 패해 대군이 전멸하다시피 했다. 남건이 패퇴하자 인근의 남소성·창암성·목저성이 잇따라 함락됐다.

양군은 압록수를 사이에 두고 대치했고, 그렇게 667년이 저물었다.

해가 바뀌어 보장왕 27년(668년) 정월이 되자 이세적은 원정군을 재편했다. 유인궤를 요동도행군부대총관으로 삼고, 학처준과 김인문(金仁問)을 부장으로 임명했다. 김인문은 문무왕 김법민의 친동생인데, 이세적은 이 김인문을 신라에 보내 빨리 군사를 보내라고 재촉했다.

2월에 당군은 대공세를 펼쳐 요동 방어의 배후 거점인 부여성을 점령했다. 그 여파로 주변의 40개 성이 또 무너졌다.

남건은 이러다가 요동을 송두리째 빼앗긴다는 생각에 다시 5만 군사를 이끌고 부여성을 탈환하려고 진격했다. 하지만 이것도 남건의 패착이었다. 이번에도 당군의 역습을 당해 3만 군을 잃는 참패를 당했다. 지난해 신성탈환전에 이어 도합 8만 대군이란 아까운 병력을 잃었던 것이다.

5월에 이세적·계필하력·김인문이 이끄는 당군 50만 명은 마침내 압록수 도하에 성공하여 파죽지세로 남하했다. 신라군 20만 대군도 한산에서 북상, 마침내 평양 외곽에 이르렀다.

100만 명에 이르는 대군에 포위된 평양성은 구원군이 올 곳도 없이 완전히 고립된 채 한 달 동안을 버텼다.

조정에서는 주전파와 주화파로 나뉘어 날마다 열띤 언쟁을 벌였다. 주전파의 우두머리는 대막리지 남건이었고, 주화파의 우두머리는 남산이었다. 두 형제는 대판 싸우고 결국은 각자 살든지 죽든지 알아서 하기로 했다.

어느 날 성문이 열리더니 한 무리의 고구려 사람이 나왔다. 맨 앞에 선 남산의 손에는 백기가 들려 있었다. 남산이 항복을 원하는 문무 관원 89명을 거느리고 항복한 것이었다.

남건은 끝까지 항복을 거부하고 결사 항전을 다짐했지만 하늘이 이미 고구려 편이 아니었다. 그런데 남건의 측근 중에는 승려로서 군사적 재능을 지닌 신성(信誠)이란 자가 있었는데, 이 자가

간에 붙었다 쓸개에 붙었다 하는 믿을 수 없이 요망한 자였다. 신성은 성문 수비를 맡은 장수 오사(烏沙)와 고요묘(高饒苗)와 결탁하고 당군 총사령관 이세적과 내통했다.

9월 26일 새벽. 밀약대로 오사와 고요묘가 성문을 열자 나당연합군이 물밀듯이 성안으로 쏟아져 들어갔다. 성안 곳곳에서 난전이 벌어졌지만 때는 이미 늦어 그날 평양성은 함락당하고 말았다.

남건은 자살을 시도했지만 측근의 만류로 뜻을 이루지 못한 채 체포되었다. 보장왕도 결국 황궁에서 나와 이세적에게 항복했다.

이세적은 보장왕, 태자 복남(福南)과 왕자 덕남(德南), 남건과 남산 형제, 대신과 장수 등 남녀 포로 20만 명을 이끌고 개선했다. 이러한 고구려 포로는 8년 전 백제를 정복하고 소정방이 끌고 간 1만 2000명의 10배가 넘는 숫자였다.

당시 고구려의 호구는 5부 176성 69만 호, 약 350만 명이었으니 이 가운데 20만 명을 포로로 잡아간 것은 백제 광복운동의 전철을 밟지 않겠다는 뜻이었다. 다시 말해서 고구려 부흥운동을 할 수 없도록 쓸 만한 사내는 모두 잡아서 끌고 간 것이었다.

하지만 고구려도 백제처럼 나라가 망하기가 무섭게 피어린 광복운동을 벌이기 시작했다.

그런데 태왕과 형제들이 포로로 끌려가는 그 앞에 반역자 남생은 당나라 장수들과 어깨를 나란히 하고 희희낙락 말을 타고 갔다. 개선장군의 자격이었다.

고구려를 멸망시킨 뒤 당은 평양에 안동도호부(安東都護府)를 두고 지배하기 시작했다. 그렇게 해서 800년 역사의 대제국 고구려는 당나라의 일개 지방행정구역으로 전락하고 말았다. 고구려가 망한 원인은 무엇보다도 수군의 몰락과 제해권 상실로 인한 방어력의 약화에 있었다. 둘째는 수·당과의 오랜 전쟁으로 국력이 황폐화하고, 인적 자원이 부족해진 점이었다. 셋째는 후계자를 양성하지 않은 연개소문의 독재 권력이 내분을 불러온 결과 당나라의 공격을 효율적으로 방어하지 못했다는 점이다.

고구려를 멸망시킨 뒤 문무왕은 논공행상을 했다. 김유신은 중풍에 걸려 이번에 고구려 원정을 못 했지만 대각간(大角干) 벼슬에 태(太) 자 한 자를 더 붙여주어 태대각간으로 승진시키고, 각간 김인문은 대각간으로, 그 밖에 이찬과 장군들에게는 모두 각간 벼슬을 내렸다.

또 평양성 서천전투에서 공이 큰 대당소감 본득(本得), 평양성 내성전투에서 고구려 군주(軍主) 술탈(述脫)을 죽인 한산주소감 박경한(朴京漢), 평양성 남문전투에서 전공을 세운 흑악령 선극(宣極) 세 사람은 일길찬(一吉湌) 벼슬과 벼 1000섬씩을 내렸다.

또한 평양성전투에서 공이 큰 서당당주 김둔산(金遁山)에게는 사찬 벼슬과 벼 700석을 내렸다. 평양성 북문전투에서 공이 큰 남한산 군사 북거(北渠)와 평양성 남교전투에서 공이 큰 구기(仇杞)에게는 술간 벼슬을 내렸다. 이 밖에 수많은 전공자를 포상했다.

문무왕은 그렇게 장수들을 포상한 뒤 고구려 포로 7000명을 이끌고 서라벌로 개선했다.

김시득은 명령에 따라 사찬 설오유(薛烏儒)와 함께 군사 1만 명을 거느리고 평양성에 주둔했다. 설오유가 거느린 군사들은 포로로 잡혀갔던 고구려 군사들이었다.

제4장

고구려의 광복전쟁

···

  고구려 망국 이후 동북아시아 정세는 그 어느 때보다도 더욱 혼란한 상황으로 치달았다.

  압록강 이북의 고구려 성들은 여전히 당군에게 항쟁을 계속했다. 고구려가 망하기는 했으나 당군이 점령한 곳은 요동에서 도성인 평양성에 이르는 몇 개 성에 불과했고, 나머지 대부분 지역에는 당의 통수권이 미치지 못했다.

  그럼에도 불구하고 평양성을 점령하고 그대로 주저앉아 있던 당군은 고구려 유민을 괴롭히는 데 그치지 않고 한반도 전체에 대한 지배 야욕을 노골적으로 드러내기 시작했다.

  당나라는 이에 앞서 백제 땅 소부리(사비성)에 웅진도독부(熊津都督府)를 설치한 데 이어, 평양에는 안동도호부를 설치했고, 그것도 모자라서 신라는 계림도독부(鷄林都督府)를 삼아 한반도와 만주 전체를 지배하려고 했다.

  신라를 아예 당나라의 일개 지방 부서로 삼고, 신라 임금을 당나라의 일개 지방관으로 삼으려는 되지 못한 수작이었다.

  전에 백제 광복전쟁에는 신라와 당나라가 협력했으나 이번의 고구려 광복전쟁은 사정이 정반대가 되었다. 고구려 유민과 신라가 힘을 합쳐 당군을 몰아내려고 들었던 것이다.

  문무왕 10년(670년) 3월 어느 날이었다.

  신라군 진영으로 한 사나이가 찾아왔다. 김시득과 설오유를 만난 그는 자신이 고구려 제2품관 태대형(太大兄)을 지낸 고연무(高延

武)라고 소개하더니 이렇게 입을 열었다.

"두 분 장군께서도 그동안 곁에서 지켜보았으니 사정을 잘 아시리라고 믿습니다만 당나라 오랑캐들의 횡포가 극악하기 그지없습니다! 도저히 더 이상 참고 견딜 수가 없소이다! 하루가 멀다 하고 민간을 약탈하고 강간하고 살인을 하면서 마구 설쳐대니 하늘 아래 이런 법이 어디 있단 말입니까? 그대들은 이러려고 우리 고구려를 멸망시켰소이까?"

"……"

김시득과 설오유는 대꾸할 말을 잊은 채 멍하니 고연무의 얼굴만 바라보았다.

고연무가 말허리를 이었다.

"이젠 우리가 힘을 합쳐야 합니다! 백제와 고구려를 멸했으니 당적의 다음 순서가 무엇이라 생각하십니까? 이제 신라만 남지 않았소이까?"

"그렇다면 어쩌자는 말이오?"

김시득이 물었다.

"힘을 합쳐 당적들을 몰아내야지요!"

세 사람은 머리를 맞대고 상의했다. 그 결과 신라 군사들에게 고구려 군복을 입히고 당군을 공격하기로 했다.

그렇게 해서 사상 최초로 여라(麗羅) 연합군이 편성되었다. 그들은 먼저 평양성의 안동도호부를 지키는 당나라 군사들을 공격하여 북쪽으로 몰아냈다. 당군은 살수를 건너고 압록수를 건너 요동으로 달아났다.

설오유와 고연무는 각각 1만 명의 군사를 이끌고 압록수를 건넜다.

압록수를 건너 옥골성(屋骨城)에 이르렀는데 당나라와 말갈군 3

만여 명이 지키고 있었다. 옥골성은 오골성(烏骨城)이라고도 하며 오늘의 요녕성 봉황성이다.

4월 4일에 여라연합군은 이들을 여지없이 무찔렀다. 그러자 요동에 주둔하고 있던 당군 10여 만 명이 물밀듯이 밀려왔다. 우리 군사들은 옥골성 서남쪽의 백성(白城)으로 물러나 지켰다.

이들 설오유와 고연무의 승전 소식이 또 발 없는 말을 타고 옛 고구려 지역에 널리 퍼졌다. 고구려 유민들은 그 소식을 듣고 기뻐하지 않는 사람이 없었다.

그해 6월에 고구려 대형이었던 검모잠(劍牟岑)이 유민들을 이끌고 궁모성(窮牟城)에서 패강 남쪽으로 내려와서 당나라 관리와 당나라 중 법안(法安)을 죽이고 계속 남행했다. 법안은 중이었지만 사실은 당나라 첩자였다.

검모잠은 서해로 빠져나가 사야도(史冶島)에서 고구려 보장왕의 서자 고안승(高安勝)을 만났다. 검모잠은 안승을 모시고 해로로 내려가 한산주에 자리 잡은 뒤 안승을 국왕으로 받들어 모셨다. 요동까지 쳐들어갔던 고연무도 군사들을 이끌고 내려와 합세했다.

고안무와 검모잠은 소형 다식(多式)을 서라벌에 사신으로 보내 이렇게 말했다.

"망한 나라를 일으켜 세우고 왕의 대를 잇는 것은 천하의 공인된 의리인바 이제 우리는 고안승을 국왕으로 모시고 귀국의 속국이 되고자 합니다."

이에 문무왕은 일길찬(一吉湌) 김수미산(金須彌山)을 보내 고안승을 고구려왕으로 봉하면서 이런 책봉문을 내렸다. 이 책봉문은 사량부 출신인 당대의 천재 강수(强首)가 지었다.

경오년(670년) 8월 1일에 신라왕은 고구려의 후계자 안승에게 책봉의 명을 내리노라. 공의 태조 중모왕(中牟王 : 추모왕)은 덕을 북산에 쌓고 공을 남해에 세워 위풍이 청구에 떨쳤고 어진 가르침이 현도를 덮었었다.

자손이 서로 잇고 대대로 끊어지지 않았으며 땅은 천리를 개척하였고 햇수는 800년 가까이 이르렀으나, 남건(男建)과 남산(男産) 형제에 이르러 화가 집안에서 일어나고 형제 사이에 틈이 벌어져 집안과 나라가 멸망하고 종묘사직이 없어지게 되었으며 백성들은 동요하여 마음을 의탁할 곳이 없게 되었다.

공은 산야에서 위험과 곤란을 피해 다니다가 홀몸으로 이웃 나라에 의탁하였으니 떠돌아다닐 때의 괴로움은 그 자취가 진 문공과 같고 망한 나라를 다시 일으킴은 그 사적이 위 선공에 견줄 수 있으리라.

무릇 백성에게는 임금이 없어서는 안 되고 하늘은 반드시 사람을 돌보아주심이라, 선왕의 정당한 후계자로는 오직 공이 있을 뿐이니 제사를 주관함에 공이 아니면 누가 하리오. 삼가 사신 일길찬 김수미산 등을 보내 책명을 펼치고 고구려왕으로 삼는바 공은 마땅히 유민들을 어루만져 모으고 옛 왕업을 잇고 일으켜 영원히 이웃 나라로서 형제처럼 친하게 지내야 할 것이니 삼가고 삼갈지어다.

아울러 멥쌀 2000섬과 갑옷 갖춘 말 한 마리, 무늬비단 다섯 필, 명주와 세포 각 10필, 모시 15칭, 솜 16저울을 보내니 왕은 그것을 받으라.

강수의 어머니는 꿈에 머리에 뿔 돋은 사람을 보고 강수를 뱄는

데 해산을 해보니 아기의 머리뼈가 툭 튀어나와 있었다. 그래서
아이 이름을 강수라고 지었다. 강수는 자라면서 총명하여 하나를
가르치면 열을 깨달아 이름이 나라 안에 점점 널리 알려지게 되
었고, 마침내 벼슬길에 나아가게 되었다.

강수는 커서 마을 대장간 집 딸과 연애를 했는데, 나이 스무 살
이 되어 그의 부모가 양가의 규수에게 장가들이려고 하자 강수는
두 번 장가들 수 없다면서 거부했다.

그의 아버지가 노해서 소리쳤다.

"너는 나라 안에서 모르는 사람이 없을 정도로 명성이 높은데 어
찌하여 미천한 여자를 배필로 삼아 집안 망신을 시키려는 거냐?"

그러자 강수가 대답했다.

"집안이 가난하거나 천한 것이 부끄러운 것이 아니라 도를 알면
서도 행하지 않는 것이 부끄러운 일입니다. 옛말에도 조강지처(糟
糠之妻)는 버리지 말고, 어려울 때 사귄 벗은 잊을 수 없다 했으니
저도 그 여자를 버릴 수 없습니다."

그렇게 고집을 부려 마침내 깊이 사귀던 대장간 집 처녀와 혼인
을 했다.

김춘추가 왕위에 올라 얼마 지나지 않아 당나라에서 국서가 왔
는데 해득하기 어려운 대목이 많았다. 강수를 불러 보이니 그가
풀이하는데 전혀 막힘이 없는지라 그 뒤부터 외국에서 오고 외국
으로 보내는 국서는 모두 강수의 담당이 되었다.

그래서 무열왕도 그를 존경하여 강수의 이름을 직접 부르지 않
고 임나가야(대가야) 출신이라고 해서 '임생(任生)'이라고 불렀다.
하지만 강수는 재물에는 관심이 없기에 늘 청렴결백하고 가난하
게 살았다.

문무왕은 고안승을 고구려왕으로 봉하고 고구려 유민들과 함께 오늘의 전북 익산 땅인 금마저(金馬渚)에서 살도록 허락했다.

그해 7월에 문무왕은 백제 유민들의 저항을 뿌리 뽑기 위해 대아찬 김유돈(金儒敦)을 웅진도독부에 보내 양국의 협력을 청했으나 웅진도독부의 당군은 이를 듣지 않고 오히려 백제 출신 사마(司馬) 미군(彌軍)을 보내 신라군을 염탐했다.

이에 노한 문무왕은 김품일(金品日) · 김문충(金文忠) · 김중신(金衆臣) · 김의관(金義官) · 김천관(金天官) 등을 보내 백제의 63개 성을 공격하고 그곳 주민들을 신라 땅으로 이주토록 했다.

잇따라 출병한 김천존(金天存)과 김죽지(金竹旨) 등도 당군이 점령한 백제의 7개 성을 공략하며 당군 2000여 명을 참살했고, 김군관(金軍官)과 김문영(金文穎) 등도 12개 성을 공파하고 당군 7000여 명을 잡아 죽였다.

바야흐로 나당전쟁이 본격적으로 벌어진 것이다.

그 이듬해인 671년 6월에도 장군 김죽지와 평양에서 돌아온 사찬 김시득이 백제 가림성에 이어 석성에서 당군 5300명을 목 베어 죽이고 백제 유장 2명과 당군 하위 장교인 과의(果毅) 6명을 사로잡았다.

그러자 당나라 행군총관 설인귀가 문무왕에게 이런 편지를 보냈다. 설인귀는 평양의 안동도호부에서 쫓겨나 장안으로 갔다가 다시 군사를 이끌고 백제 땅으로 돌아온 것이었다.

대당 행군총관 설인귀는 신라왕에게 글을 보내노라. 맑은 바람은 1만 리를 불어오는데, 넓은 바다는 3000리 길이로다. 황제의 명령이 예정하는 바 있어 이 땅에 와서 사명을 준행하노라.

삼가 듣건대 왕은 요즘 불순한 생각이 조금 생겨 변경에다가 무력을 집중시킨다 하니 이는 자유(공자의 제자 자로)의 권위 있는 한 마디 말을 저버린 셈이요, 후생(전국시대의 숨은 선비)의 신실한 한 번 승낙을 배반한 것이나 다름없다.

형(문무왕)은 역적이 되고, 동생(김인문)은 충신이 되어 꽃과 꽃받침의 그늘이 멀리 떨어져 있는 듯 공연히 상사의 달빛만 비쳐였고 보매 이것저것 말하려 하니 진실로 한숨만 나올 뿐이로다.…(중략)

…그런데 지금 왕은 안전한 기초를 버리고 떳떳한 정책을 실천하기 싫어하며 멀리는 황제의 명령을 어기고 가까이는 부친(무열왕)의 말씀을 저버리며 천시(天時)를 업신여기고 이웃나라와 우호관계를 기만하면서 한쪽 구석 궁벽한 작은 땅에서 집집마다 군사를 징발하고 해마다 전쟁을 일으켜 젊은 과부가 곡식을 나른다, 어린 자식이 둔전을 한다 하게 되니 지키려 해도 의지할 데가 없고, 앞으로 나가도 막아낼 능력이 없으므로 이미 얻은 것으로써 잃은 것을 채우며, 있는 것으로써 없는 것을 보충하게 되어 크고 작은 것이 짝이 맞지 아니하고 거꾸로와 바로가 차례를 어기고 있다.

마치 활을 가지고 무엇을 잡으러 가다가 마른 우물에 빠질 위험을 못 보는 것과 같고, 연가시가 매미만 잡으려다가 참새가 덮치는 것을 모르는 것이나 다름없으니 이것이 왕의 앞을 헤아릴 줄 모르는 병집이다…(하략) -

아무리 뜯어보아도 이것은 일국의 장수가 일국의 임금에게 보내는 편지가 아니었다. 구구절절 공갈이요 협박이었다. 이에 문무왕은 강수를 불러 편지를 내주며 말했다.

"경이 한 번 읽어보라. 도대체 이놈의 자식이 이거 말이나 되는 수작인가? 미친놈 같으니라고! 경이 읽어보고 거기에 알맞은 답장을 지어 보내라."

"삼가 명을 받들겠나이다."

강수가 설인귀의 편지를 읽어보고 붓을 들어 '답 설인귀 서(答薛仁貴書)'를 썼다. 강수는 문무왕의 명의로 답서를 통해 이렇게 말했다.

우리 선대 임금(태종무열왕)이 정관 22년에 입조하여 태종문황제(이세민)의 은혜로운 조칙을 직접 받았으니 거기에 이르기를, "내가 지금 고구려를 치려는 것은 다른 까닭이 아니다. 너희 신라는 (고구려와 백제) 두 나라 틈에 끼어 매양 침해를 받아 편안한 날이 없음을 애달프게 여긴다. 산천도 토지도 내가 탐하는 바가 아니며 재물도 자녀도 내가 다 가지고 있는 것이다. 내가 두 나라를 평정하면 평양 이남 백제의 토지는 전부 너희 신라에게 주어 길이 편안토록 하려고 한다." 하면서 계획을 지시하고 군사 동원 기일을 정하여 주었다…. (중략)

…또 신라가 백제를 평정함으로부터 고구려를 평정할 때까지 충성을 다하고 힘을 바쳐 당나라를 저버리지 않았는데 무슨 죄가 있기에 하루아침에 이렇게 버리는지 알 수가 없다. 비록 이와 같은 억울함이 있지만 끝까지 반역할 마음은 없다…. (중략)

…아아! (고구려와 백제) 두 나라가 평정되지 못할 때는 사냥개처럼 부려 심부름을 시키더니 이제 와서는 들짐승이 없어지고 보매 도리어 삶아 먹히는 사냥개의 박해를 당하고 있다. 간

악한 저 백제는 옹치의 상을 받는데 당나라에 희생한 신라는
정공의 죽음을 당했다. 햇빛이 비록 비춰주지는 않건마는 해
바라기와 콩잎의 본마음은 오히려 해를 향할 마음을 먹고 있
다…. (하략)

답서의 요지는 전에 너희 나라 태종 이세민이 우리 태종무열왕
에게 "고구려를 정복하면 평양 이남 백제 땅은 모두 신라에게 주
마"고 약속했는데 너희 당나라는 그 약속을 헌신짝처럼 버리고
어기지 않았느냐? 이제 와서 신라를 토사구팽(兎死狗烹)하겠다는
거냐? 그런 내용이었다.
　설인귀는 이 답장을 보고 얼굴이 붉으락푸르락했다. 하지만 모
두 맞는 말인지라 더 할 말이 없었다.
　문무왕은 아예 백제 옛 땅을 직할하기 위해 사비성을 중심으로
소부리주(所夫里州)를 설치하고 아찬 김진왕(金眞王)을 도독으로 임
명했다. 그해 10월에는 급찬 당천(當千)이 이끄는 신라 수군이 군
량을 수송하는 당나라 함선 70여 척을 패수 하구 서해에서 격파
했고, 이민족 출신 당의 낭장 겸이대후(鎌耳大侯)와 군사 100여 명
을 사로잡았다. 이 전공으로 당천은 급찬에서 아찬으로 승진했다.
　이듬해 672년 정월에 문무왕은 장수를 보내 백제 고성성(古省
城)을 쳐서 이기고 2월에 가림성(加林城)을 공격했으나 실패로 돌
아갔다.
　그해 7월에 본래 고구려 출신이었으니 당나라에 항복한 장수
고간(高侃)이 군사 1만 명을, 말갈 출신 이근행(李謹行)이 군사 3만
명을 각각 거느리고 압록수를 건너와 평양으로 내려와서 군영 8
개를 건설하고 해자(垓字)를 깊이 파고 보루를 높이 쌓고 주둔하며

평양 이남을 노렸다.

당군은 8월에 신라군이 지키는 한시성(韓始城)과 마읍성(馬邑城)을 공격했다. 그리고 백수성(白水城) 앞에 진을 쳤다. 이에 신라군이 역습을 가해 당군 2000여 명의 목을 베었다.

하지만 승기를 잡았다고 지나치게 깊이 추격한 것이 화근이었다. 고간과 이근행이 군사를 숨겨두고 유인하는 것도 모른 채 무턱대고 추격하다가 암습을 당했던 것이다.

이 싸움에서 대아찬 김효천(金曉川), 사찬 김의문(金義文)·김산세(金山世), 아찬 김능신(金能申)·김두선(金豆善), 일길찬 안나함(安那含)·김양신(金良臣) 등 여러 장수들이 죽는 참패를 기록했다.

김유신의 둘째아들 소판 김원술(金元述)도 비장으로 이 전투에 출전했는데 아군이 여지없이 무너지자 적진에 단신으로 달려들어 죽으려고 했다. 그때 그의 군관 담릉(淡凌)이 말고삐를 움켜잡고 한사코 말렸다.

"장부가 한 번 죽는 것이 어려운게 아닙니다. 그보다는 죽을 때와 장소를 가리는 것이 더 중요합니다! 그저 죽어서 아무 보람도 없는 것보다는 일단 살아서 뒷날을 기약하는 것이 나을 것입니다!"

"대장부가 구차스럽게 목숨을 유지하는 것이 아니다! 내가 여기서 살아서 장차 어찌 아버지를 뵙겠느냐?"

원술이 말에 채찍질을 하여 다시 적진으로 달려가려고 하자 담릉이 또 말고삐를 잡고 놓아주지 않았다. 결국 원술은 그 자리에서 싸우다 죽을 수 없었다.

원술이 상장군을 따라 무이령을 넘으려는데 당나라 군사들이 맹렬히 추격해왔다.

그때 거열주 대감 일길찬 아진함(阿珍含)이 앞으로 나서서 상장군에게 이렇게 말했다.

"공들은 빨리 앞길을 재촉하오! 나는 나이가 이미 칠십이니 앞으로 얼마나 더 살겠소? 여기야 말로 내가 죽을 곳, 지금이야말로 내가 죽을 때로다!"

그러고는 창을 비껴들고 적진으로 달려가 힘껏 싸우다가 죽었다. 그러자 그의 아들도 아버지를 뒤따라서 달려가 싸우다 죽었다.

군사들은 그 틈을 타서 부지런히 달아나 서라벌로 돌아왔다.

군사들의 패전 보고를 받은 법민왕이 큰외삼촌인 김유신을 불러 물었다.

"우리 군사가 크게 패했으니 이제 어쩌면 좋겠소?"

김유신이 대답했다.

"고간과 이근행은 전쟁 경험이 많아 만만히 볼 상대가 아닙니다. 군사들로 하여금 요충지를 굳세게 지키게 하는 도리밖에 없습니다."

그리고 나서 김유신은 이렇게 덧붙였다.

"제 아들 원술이란 놈이 이번 싸움에 나갔다가 지고도 욕되게 살아서 돌아왔으니 목을 베어야 합니다!"

"어허, 그럴 수야 있나요! 어찌 패전의 책임을 원술에게만 물을 수 있겠습니까?"

원술이 일면 부끄럽고 일면 두려워 감히 아버지 앞에 나타나지 못하고 시골에 숨어 살았다. 그러다가 아버지가 죽자 집으로 돌아와 어머니를 만나려고 했다.

그러자 어머니 지소부인이 방 안에서 이렇게 말했다.

"본래 여자에게는 삼종지도(三從之道)가 있느니라. 어려서는 부모님에게, 시집가서는 남편에게, 남편이 죽은 뒤에는 아들을 따르는 법이니라. 하나 너 원술은 돌아가신 아버지에게 자식 노릇을 하지 못했으니 내가 어찌 너를 자식으로 볼 수 있겠느냐?"

그러면서 한사코 방문을 열어주지 않았다.

원술이 슬프게 가슴을 치고 울면서 물러나 서라벌을 떠났다. 그는 그 길로 태백산으로 들어갔다. 그가 다시 나타난 것은 매소성전투 때였다.

매소성전투가 벌어지자 원술은 전일의 치욕을 씻을 기회가 왔다면서 힘써 싸워 전공을 세웠다. 하지만 그는 이미 부모에게 용납되지 못한지라 임금이 내리는 벼슬을 마다하고 변방에서 숨어 살았다.

김유신이 노환과 풍질로 죽은 것은 673년 7월 1일이었다.

그해 문무왕 12년(672년) 8월에는 당군의 침범을 방비하기 위해 한산주에 주장성(晝長城)을 쌓았다. 그것이 오늘의 남한산성의 모태였다. 또 9월에는 조서를 내려 서해를 지키는 군사를 증강토록 했다.

문무왕이 고구려의 유민을 받아들이고 백제의 옛 땅을 직할하자 이에 분노한 당 고종은 조서를 내려 문무왕의 관작을 삭탈하고 문무왕의 동생 김인문을 신라왕으로 삼아 귀국토록 했다. 그러니 조국 신라와 당나라의 중간에 선 김인문만 죽을 지경이었다.

당 고종은 또 한편 유인궤를 계림방면군대총관을 삼고, 위위경 이필(李弼)과 우령군대장군 이근행을 보좌관으로 삼아 신라를 치게 했다.

문무왕이 사세부득이하여 급찬 김원천(金原川)과 내마 김변산(金邊山)에게 포로로 잡은 당 수군의 장수 겸이대후와 내주 사마 왕예(王藝), 웅주도독부 사마 미군(彌軍)과 증산 사마 법총(法聰) 및

군관 170명을 돌려보내면서 당 고종에게 사죄 편지를 써서 보냈다.

이번 국서도 강수가 지은 것이긴 하지만 일국의 국왕으로서는 참으로 굴욕스러운 내용이었다.

신 김법민은 죽을죄를 짓고 삼가 말씀드립니다. 전날에 제가 위급하여 매우 곤경에 빠졌을 때 먼 곳으로부터 구원을 입어 몰살을 면하게 되었으니 몸을 부수고 뼈를 갈아도 은혜를 보답하기에 부족할 것이며 머리를 부수어 재와 먼지가 되더라도 어찌 애호하시는 덕을 우러러 갚을 수 있겠습니까?

그러나 원수 백제는 우리의 변경에 철저히 육박하고 고자질로써 황제의 군사를 끌어다가 우리를 멸함으로써 원수를 갚으려 하매 저는 파멸에 직면하지라 자신의 생존을 구하려다가 억울하게도 흉악한 역적의 이름을 쓰고 드디어 용서받기 어려운 죄에 빠졌던 것입니다.

제가 여기서 사건의 내용을 말하지 못하고 먼저 형벌을 받아 죽음을 당한다면 살아서는 명령을 거역한 신하가 될 것이요, 죽어서는 은혜를 배반한 귀신이 될까 염려하여 삼가 사건의 진상을 적어 죽음을 무릅쓰고 여쭈어 아뢰오니 원컨대 정신을 들여 들어주시고 근본 이유를 밝게 살펴주시기 바라옵니다.

저는 선대 이래로 조공을 끊지 않았으나 근래에 백제 때문에 두 번이나 조공을 궐하여 드디어 장수를 명하여 저의 죄를 성토케 하였으니 죽어도 형벌이 남을 것입니다.

남산의 대(竹)도 저의 죄를 적는 데 부족할 것이요, 포아(중국 섬서성 종남산)의 숲도 저의 착고를 만드는 데 부족할 것이며, 종묘와 사직을 못으로 만들고, 저의 몸을 찢어버린다고 해도 사정을 듣고 판단을 내려준다면 달게 죽음을 받겠습니다.

저는 부왕의 상여가 아직 옆에 있고 머리에는 진흙이 아직 마르지 못한 상주의 꼴로 애통 중에 조정의 처분을 기다리고 공손히 형벌에 관한 명령을 듣겠습니다.

삼가 생각건대 황제폐하는 해와 달처럼 밝아서 작은 틈서리라도 광명을 골고루 받으며, 덕은 천지와 합치하여 동물이나 식물이나 모두 그 화육을 입으며, 살리기를 좋아하는 덕은 멀리 곤충에게도 미치고, 죽이기를 싫어하는 어진 마음은 날짐승과 물고기에게도 미치고 있습니다.

만일 특별한 용서를 내려 머리와 허리를 베지 않는 은혜를 베푸신다면 비록 죽더라도 산 것이나 다름없을 것입니다. 감히 바라기는 어려우나 생각한 바를 말씀드리오매 칼로 자살할 생각을 이기지 못하겠습니다.

삼가 원천 등을 보내어 글을 올려 사죄하면서 공손히 칙명을 듣고자 하옵니다. 김법민은 머리를 조아리면서 황송할 따름이옵니다.

이런 편지와 더불어 은 3만3500푼, 구리 3만3000푼, 바늘 400개, 우황 120푼, 마흔새 베 6필, 설흔새 베 60필을 진상하였다.

그런데 그해는 흉년이 들어 숱한 백성이 굶주렸다.

그렇게 사신을 보내 조공하고 포로를 보내 사죄하니 당 고종이 전에 내린 조치, 즉 문무왕의 삭탈관직을 없던 일로 하고 김인문의 신라왕 임명도 취소했다. 하지만 대세를 거스를 수는 없었다. 신라는 이미 옛 백제 땅 대부분을 장악하여 주와 군을 설치했다. 당군과의 전투도 끊임없이 이어졌다.

제5장

매
소
성
전
투

···

문무왕 15년(675년) 9월에 설인귀가 산동성 내주에서 함대를 거느리고 서해바다를 건너 왕봉하(한강) 하구로 들어왔다. 육군의 힘만으로는 도저히 신라를 이길 수 없다고 본 유인궤가 장안으로 달려가 당시 집권자인 측천무후(則天武后)에게 신라를 제압하기 위해서는 수군이 필요하다고 호소했기 때문이다.

그래서 말갈 출신 이근행이 지휘하는 육군 10만여 명은 평양을 수복하고 남쪽으로 내려 달려 호로하(임진강) 건너 매소성에 주둔하고, 설인귀의 수군 10만 명은 왕봉하로 들이닥쳤던 것이다.

그때 설인귀의 당 수군의 안내역을 맡은 자는 신라의 숙위학생 김풍훈(金風訓)이었다. 풍훈은 13년 전에 처형당한 장군 김진주(金眞珠)의 아들이었다. 풍훈은 제 아비가 본국에서 처형당한 것에 앙심을 품고 당나라에 붙어 앞잡이 노릇을 했던 것이다.

이에 장군 김문훈(金文訓)이 왕봉하(한강)에서 호로하로 들어오려는 설인귀의 수군을 맞아 싸워 1400명을 참수하고, 보급 전선 40척과 말 1000필을 노획했다.

그때 설인귀는 신라군의 포위망을 헤치고 간신히 목숨을 구해 달아났다. 이로써 당군의 해상 보급로가 차단되어 내륙의 당군은 헐벗고 굶주리게 됐다.

매소성은 현재 경기도 연천군 청산면 대전리산성이었다. 국도를 끼고 한탄강이 흐르는 야산으로서 전곡평원에서 강을 건너려는 적군을 감시하고 저지하기 좋은 군사적 요충이다.

당군은 매소성에 총사령부를 두고 그 일대를 장악하여 포진하고 있었다.

여기에 장수 9명이 거느린 신라군 3만 명이 당군을 공격했다.

6배가 넘는 당군에 대항하여 신라군을 어떻게 싸웠을까. 신라군은 전후 세 차례에 걸쳐서 매소성을 공격했으나 번번이 패배했다. 병력 수에서 당군의 3분의 1정도로 열세인 신라군이 매소성을 포위하여 당군을 외부와 고립시킬 수도 없었다.

당군의 15만에 달하는 병력은 매소성에만 주둔해 있었던 것이 아니라 그 주변의 상당히 넓은 지역에 분산되어 포진하고 있었다. 당군이 촘촘히 포진해 있는 그곳으로 신라군이 진입한다는 것은 불가능에 가까웠다.

그러나 신라군에게도 당군을 꺾을 수 있는 비책이 전혀 없는 것은 아니었다. 당군은 서해와 임진강의 수로를 통해 본국으로부터, 또는 웅진도독부로부터 보급을 받고 있었는데, 신라가 임진강 하구에서 당군의 보급선을 차단하면 되는 일이었다.

신라는 임진강 하구에 위치한 천성(泉城) - 오두산성에 함대를 집결시키고 당 보급함대를 기다렸다. 신라군을 이끈 장수는 사찬 김시득이었다.

675년 9월 설인귀의 함대가 밀물을 타고 임진강 입구에 밀려들어왔다.

그것은 전쟁 물자를 가득 실은 보급선들이었다. 물론 이를 호위하기 위한 전함들도 있었다. 그러나 보급선을 대동한 당군의 함대는 기동력이 떨어질 수밖에 없었다. 당의 전함들이 먼저 천성을 포위 공격하자 신라군이 여기에 대한 반격에 나서 승리를 거두어 당군의 사기를 크게 저하시켰다.

절반 이상이 기마병인 당군은 하루에 소비하는 군량만 해도 60여 톤, 전마를 위한 마초는 350여 톤이 필요했다. 날씨는 음력 9월로 점점 추워지고 있었다. 원정군으로서 장기전은 매우 불리한 입장이었다.

보급선은 서해를 거쳐 한강과 임진강을 거슬러 올라가 한탄강을 지나 매소성에 이르러야 하는데 한강과 임진강의 합류지점인 오두산성(천성)전투에서 여지없이 참패당해 보급이 차단당했던 것이다.

이후 보급로가 차단된 당군은 신라군이 매소성을 공격하자 별 저항도 없이 말 3만380필과 상당한 병기를 버리고 도주했다.

신라군의 매소성전투 승리는 나당전쟁에서 분수령을 이루었다. 신라가 그 승리로써 나당전쟁의 승기를 잡을 기회를 얻었던 것이다.

매소성전투는 규모 면에서 나당전쟁의 절정을 이루었다.

신라군은 당나라의 주력군인 기병대에 맞서 장창당(長槍幢) - 장창부대와 노당(弩幢) - 쇠뇌부대 등으로 대항했다.

당시 신라군은 매소성 주변 초성리산성과 초성리토성, 수철리산성 등 3곳에 주둔하고 있었는데, 신라군은 공격하는 당나라 기병대에 대항해 궁수대가 먼저 활로 일제사격을 가하고, 잇달아 장창부대가 나서서 적 기병을 제압하고 보병으로 이를 무찔렀다.

신라의 장창부대, 장창당이 사용한 창은 길이가 450센티미터가 넘었다. 어른 세 명의 키와 맞먹는 장창을 두 명의 군사가 들고 적군의 기병을 상대했다. 장창병은 적군이 타고 있는 말의 목과 가슴을 겨냥하여 대열을 교란시켰다.

당시 활의 유효 사정거리는 약 200미터, 기병은 15~ 24초에 달리는 거리다. 그 사이 궁수는 약 2발을 사격할 수 있었다. 궁수들이 조준 발사하는데 장창병은 방패 역할을 했디.

그러니까 전면에 궁수가, 그 뒤에 장창병이, 그 뒤에 도끼와 칼부대가 잇달았다. 궁수가 활을 쏘고, 적 기병이 접근하면 궁수는 빠지고 장창당이 전면에 나서서 방어하고 적 기병이 낙마하면 도끼부대와 칼부대가 육박전으로 적을 죽이는 전법이었다.

또한 노당(弩幢)이 있었다. 노는 활에서 발전한 쇠뇌를 가리킨다. 촉 길이만 해도 22센티미터, 무게는 74그램으로 보통 활 23그램보다 세 배나 무겁고 컸다.

신라의 노포인 이 천보노(千步弩)는 일찍부터 명성이 당나라까지 알려졌다. 그래서 당 고종이 천보노의 장인(匠人) 구진천(仇珍川)을 당나라로 불러 천보노를 만들게 했다.

그러나 구진천은 200보나 나가는 노 대신 겨우 40~ 50보정도밖에 나가지 않는 노를 만들어 끝까지 비밀을 지켜 당 고종을 노하게 만들었다.

신라군은 장창당과 노당 외에 발석차(發石車)를 운용하는 투석당, 도끼와 창검을 든 보병부대, 그리고 축성과 무기 제작 전문가 부대인 대장척당(大匠尺幢), 충차당, 운제당 등을 운용했다.

또한 신라군은 임진강과 한강이 합류하는 지점인 경기도 파주에 있는 천성, 곧 오두산성을 선점해 서해에서 보급품을 싣고 강을 거슬러 오르는 적의 보급부대를 공격해 매소성 15만 당군의 보급로를 차단했다. 그리고 인근 협곡의 산성까지 장악해 매소성을 함락시켰다.

매소성은 연천군 청산면 대전리 일대에 있었으며, 현재 대전리산성이라고도 부른다. 1984년 역사편찬위원회는 실측 조사 결과를 바탕으로 대전리산성을 매소성 터로 확인했다.

신라군은 매소성전투에서 탁월한 용병술과 전투력으로 막강한 당군의 대군과 맞서 대승을 거둔 여세를 몰아 대동강에서 원산만을 잇는 평양 이남의 고구려 고토까지 장악함으로써 당군이 다시는 신라 땅을 침범치 못하게 만들었다.

그렇게 하여 그 이듬해인 676년 당은 평양의 안동도호부를 요동으로 철수함으로써 당나라의 한반도 지배는 좌절됐다.

한편, <삼국사기>에는 당시 매소성 일대에 주둔한 당군이 20만 명이라고 되어 있는데 이를 그대로 믿기는 어렵다. 당시 당군은 이근행과 고간이 이끈 10여 만 명이 평양에서 고구려 광복군을 진압하고 호로하를 건너 매소성 일대에 주둔한 것이므로 많게 보아야 15만 명선을 넘지 못했을 것으로 추정된다.

이처럼 한반도 지배의 주도권을 둘러싼 나당전쟁은 8년 동안 벌어졌는데, 이 전쟁 최후의 전투는 사실 육상전인 매소성전투가 아니라 문무왕 16년(676년) 11월에 금강 하구에서 벌어졌던 기벌포해전(伎伐浦海戰)이었다.

이 전투는 <삼국사기>에 분명히 나오는데도 오늘의 중국 학계에선 부정하고 있다. 그들에게 그토록 치욕스러운 패전이 아니었다면 이처럼 황당무계한 억지는 쓰지 않을 것이다.

사실 나당전쟁에서 신라의 승리는 불가능에 가까웠다. 상대는 중국을 통일한 대제국이었고 이른바 '정관(貞觀)의 치(治)'로 불린 당 태종의 치세 전성기 직후였다. 방패 구실을 하던 고구려마저 멸망한 뒤였다.

그러나 이 나당전쟁에서 신라에게 유리한 면도 있었다.

첫째는 고구려 유민들이 신라군과 함께 싸웠다. 그래서 675년의 매소성전투가 있기 전부터 당군은 이미 상당한 타격을 입은 상태였다. 둘째는 때마침 지금의 티베트인 토번(吐蕃)이 당나라의 발목을 잡았다. 7세기 초 손첸감포에 의해 통일왕국이 수립된 토번은 662년부터 실크로드의 주도권을 둘러싸고 당과 본격적인 전쟁을 벌였다.

675년 매소성에서 신라에 대패한 이근행이 한반도를 재침하지 못한 것은 676년 초 토번 전선으로 차출된 것과 관련이 있다.

그러나 토번 쪽 상황이 안정되자 당나라는 676년 11월 최후의 신라 침공을 감행한다. 설인귀가 이끄는 대함대가 기벌포로 진입했던 것이다.

중국 학계는 '설인귀가 상원(上元) 연간(674 ~ 676년)의 어떤 사건에 연루돼 유배를 갔다'는 중국 측 기록을 들어 이를 부정하고 있다.

그런데 <구당서>를 보면 설인귀가 676년 이후에도 여전히 처벌받지 않은 상황이었다. 그러니까 '상원 연간에 유배를 간 것'이 아니라 '상원 연간에 있었던 사건에 연루되어 나중에 유배를 간 것'이 맞는데, 그 사건이란 바로 기벌포해전이었다.

제1차 여당전쟁 초기에 안시성 외곽 주필산전투에서 두각을 나타내 당 태종 이세민에 의해 일개 군졸에서 장군으로 벼락출세한 이후 숱한 전장을 누볐던 노장 설인귀는 대형 상륙전을 통해 신라의 숨통을 막을 속셈이었다.

설인귀는 당군이 매소성전투에서 대패하자 공격 방향을 남쪽으로 돌렸다. 웅진도독부의 당군 세력을 대폭 강화하여 신라군을 공격함으로써 전세를 역전시키고자 했던 것이다.

이를 위해 설인귀는 산동성 등주에서 2만 명의 군사를 500여 척의 전선에 싣고 출발하여 서해를 건넌 다음, 대동강 하구에서 평양의 당군 3만 명까지 모조리 불러서 배에 태우고 연안의 뱃길을 따라 남쪽으로 향했다.

그리고 덕물도(덕적도)를 지나 태안반도 서남쪽의 길산도까지 이르렀던 것이다.

이에 맞서기 위해 나선 신라 장수가 바로 17관등 중 제8관등인 사찬 김시득이었고, 그때 그가 거느린 전선은 고작 100척 정도였다.

제6장

기
벌
포

해
전

···

    김시득은 함대를 거느리고 기벌포를 떠났다. 먼동이 훤하게 터
오고 있었다.

    함대는 앞부분이 좁고 전체적으로 긴 모양인 첨자진(尖字陣)을
치고 항진했다. 적이 대 함대였기 때문에 공격받는 범위를 축소
하기 위함이었다. 또한 함대의 앞쪽에는 낡고 느린 전선들을 배
치했다. 적을 유인하기 위해서였다.

    마침내 함대의 후면에서 아침 해가 떠올랐다. 육지를 등지고 한
바다로 나간 다음 김시득은 멀리 서북쪽 수평선 위로 나타나는
당군 함대의 모습을 볼 수 있었다.

    "배를 멈춰라!"

    시득이 기수(旗手)에게 명령했다. 기수가 황색 기를 흔들었다. 함
대가 서서히 속도를 줄이다가 그 자리에 멈추어 섰다. 적의 함대
가 점점 가까이 다가왔다.

    "전투준비!"

    시득의 명령에 따라 전고(戰鼓)가 둥둥둥둥! 울렸다.

    당군 함대의 기함인 3층 누선(樓船) 지휘대에 올라선 설인귀는
신라군 함대를 보고 코웃음을 쳤다.

    "흥, 겨우 백 척밖에 안 되는구나! 전위대(前衛隊)만 나가도 되겠
구나! 공격하라!"

    대총관 설인귀의 명령에 따라 당군 함대의 전위함대가 앞으로
나서서 신라 함대를 향해 돌진했다.

그러자 당군의 공격을 기다리기라도 했다는 듯이 신라 전선들은 하나같이 선수를 돌려 달아나기 시작했다. 그 모습을 본 당군 전함들은 공격 신호인 전고를 마구 울리고 나팔을 마구 불면서 신명나게 뒤쫓았다.

그러나 신라 배들은 전혀 싸울 기색이 아니었다. 응전하려는 기미조차 보이지 않았다. 그렇게 일방적으로 달아나기에 바빴다.

그러다가 속도가 느린 낡은 전선 몇 척은 당군 전위함들에게 붙잡혀 집중 공격을 당했다. 배에 타고 있던 신라 수군들은 이미 지시받은 대로 공격당하기가 무섭게 풍덩 풍덩 바다에 뛰어들었다.

당군은 신이 났다. 도대체 신라군에게 이렇게 이겨보기가 얼마만이냐! 당군 전위대는 계속해서 신라 배들을 쫓다가 본대와 멀리 떨어지는 것도 미처 몰랐다.

신라군은 뱃머리를 돌려 계속해서 남쪽으로 달아나기에 바빴다. 저 멀리 해안의 산굽이가 보였다. 그 굽이를 돌아가면 기벌포요 백강 하구다.

그런데 신라군 함대가 그 굽이를 돌아가자마자 자취도 없이 사라져버린 게 아닌가. 당군 전위대 100여 척은 어안이 벙벙했다.

그것이 신라군의 유인작전이었다. 신라군은 굽이를 돌자마자 재빨리 두 개의 섬 뒤로 숨어버렸던 것이다. 그러고는 당군 전위대가 계속해서 쫓아오기를 기다렸다.

첫 싸움에서 승기를 잡았다고 생각한 당군 전위대 장수 왕중일(王仲日)은 전공을 세울 욕심이 앞서서 물길도 잘 모르면서 해안 가까이 바짝 다가가 신라군 함대의 종적을 찾았다.

그때였다. 갑자기 양쪽 섬 뒤에서부터 둥둥둥둥! 전고가 요란히 울리더니 신라군 전함들이 나타났다. 이번에는 비교적 속력이 빠른 중선(中船)들이 앞장서고 있었다.

그들은 당군 함대 가까이 접근하기가 무섭게 선체를 비스듬히 돌려 세우더니 전함 갑판에 설치한 투석기로 어른 머리통만한 돌멩이를 휭휭 날리기 시작했다.

뿐만 아니었다. 노포(弩砲)로 보통 화살의 서너 배는 되는 무시무시한 철창살을 씽씽 쏘아대기도 했다.

돌멩이와 철창살에 맞은 당군 배들이 쿵쾅 쩍쩍! 갈라졌다. 직격으로 맞은 당군 병졸들은 비명도 제대로 지르지 못한 채 마구 나뒹굴거나 뱃전 너머 바다로 떨어져 죽었다. 삽시간에 전면에 섰던 당군 전위대 함선 30여 척이 대파하여 격침되었다.

신라군과 고구려 수군들은 양측 전선들이 더욱 가까이 근접하자 활을 쏘아대기 시작했다. 화살은 쏘면 쏘는 대로 명중이었다. 당군의 지휘관인 장수부터 하급 장교인 과의(果毅)까지 수십 명이 삽시간에 맞아 죽었고, 병졸들은 헤아릴 수조차 없이 죽어나갔다.

설인귀의 본대가 기벌포 해안 가까이 다가왔을 때 신라군 함대는 이미 한바탕 전투를 끝내고 다시 섬 뒤로 사라지는 중이었다.

"아니, 저 저런 죽일 놈들을 봤나!"

설인귀는 두 팔을 마구 흔들면서 분노에 찬 고함을 내질렀다.

설인귀가 포구에 배를 정박하고 싣고 온 군사와 물자들을 부리려는데 또 신라군이 나타나 싸움을 걸었다. 이러지도 못하고 저러지도 못하고 설인귀는 죽을 맛이었다.

"공격하라!"

양측 함대가 300보 정도의 거리로 접근하자 김시득의 대장선에서 붉은색 군령기가 올라갔다. 총공격 명령이었다. 전고가 울리고 나팔소리가 울려 퍼졌다.

"포노를 쏴라!"

김시득의 명령이 떨어지기가 무섭게 전열의 전함들에서 일제히 석포탄과 쇠뇌가 발사되었다. 투석기에서 발사된 어른 머리통만큼 커다란 돌덩이가 횡횡! 뱃전을 넘어 날아갔다.

고구려 수군의 강철 쇠뇌에서는 2장이 넘는 장창 같은 철전(鐵箭)이 피융 풍! 매서운 파공음과 함께 적선을 향해 날아갔다.

포노가 발사한 것은 돌덩이와 철전만이 아니었다. 화토병(火土瓶)도 있었다. 화토병은 기름과 유황과 철편 따위를 쟁여 넣고 밀봉한 토기 항아리였다. 여기에 불을 붙여 투석기로 발사하는 당대의 가공할 신무기였다. 화토병이 적함에서 폭발, 작렬하면 탄착점 주변의 적군 십여 명은 틀림없이 죽거나 중상을 입었다.

고구려 수군이 발사한 화토병은 200보 이상을 날아가 적선 갑판에 떨어지기가 무섭게 폭발했고, 적선은 순식간에 불이 붙어 아수라장으로 변했다. 화염지옥이 따로 없었다.

전열의 함대에 이어 후열의 함대에서도 교대하여 포노를 발사했다.

"활을 쏴라!"

"불화살을 쏴라! 오랑캐 배들을 모조리 태워버려라!"

김시득은 적선과의 거리가 유효 사거리인 200보 정도로 가까워지자 궁수들에게 사격명령을 내렸다. 뱃전에 나란히 선 궁수들이 방패수가 받쳐주는 커다란 방패 뒤에서 사격을 개시했다. 전열의 궁수들이 사격을 마치면 그 뒤에 앉아서 화살을 메우고 차례를 기다리던 2선의 궁수들이 교대하며 쉴 새 없이 화살을 날렸다.

"창검수(槍劍手)·부월수(斧鉞手)·도격수(刀擊手) 도선 준비!"

총사령관 김시득의 명령에 돌격대로 편성된 군사들이 각자의 무기인 장검·장창·도끼·철퇴 등을 힘주어 고쳐 잡고 얼굴에는 귀신 형상의 가면을 썼다. 귀면 탈은 고대의 전쟁에서 적군에게 공포심을 불러일으켜 맞서 싸울 전의(戰意)를 상실하게 만드는 것이었다.

김시득의 명령과 함께 시작된 신라 수군의 맹렬한 기습공격으로 당군은 초전부터 전의를 잃고 말았다. 공격을 받은 전열의 당군 전함 20여 척이 금세 불붙어 타오르기 시작했다. 당나라 군졸들의 경악에 찬 고함과 고통스러운 비명소리가 불길과 연기 속에서 바다와 하늘 위로 울려 퍼졌다.

대장선인 누선 위에서 이 광경을 바라보던 적장 설인귀는 제 정신이 아니었다. 그는 평정심을 잃고 흥분하여 마구 소리쳤다.

"겁먹지 마라! 적선은 얼마 되지 않는다!"

"응전하라! 북을 울리고 활을 쏴라!"

부하 장수들도 성난 목소리로 고함쳤다.

"방전(放箭)하라! 방전!"

방전이란 '화살을 쏴라'는 중국식 명령이다. 하지만 이미 기습을 당한데다가 기선을 제압당한지라 제대로 응전이 될 턱이 만무했다. 접전한 지 불과 세 시진도 못 되어 당군 전함 50여 척이 불에 타고 부서져 바다 밑으로 가라앉았다. 군졸들은 셀 수 없을 정도로 죽어나갔다.

그렇게 허둥대는 사이에 어느 샌가 신라 함대의 중선과 협선들이 날쌔게 덤벼들어 불항아리를 퍼붓고, 불화살을 쏘아댔다. 그 통에 당나라 전함들은 한 척 한 척 불덩이가 되었고, 노가 마구 부러져나갔고, 그런 배들은 금세 반신불수가 되어 기동력을 상실해 버렸다.

당군 병졸들은 갑판 위에서 허둥지둥하다가 사정없이 쏟아지는 돌덩이와 불단지 세례를 당하고, 화살과 표창, 마름쇠 따위에 맞아 쓰러져 뒹굴거나 난간을 넘어 바다에 떨어져 죽어갔다. 그렇게 당군은 계속해서 죽어나가고, 배는 이미 100여 척이 불타고 부서져나갔다.

"이게 도대체 어찌된 일이냐?"

설인귀가 부장들을 돌아보며 소리쳤다.

"도대체 신라군이 언제 저런 전함을 만들었단 말이냐!" 설인귀는 광분하여 소리쳤다. 그리고 절규하듯 재차 응전 명령을 내렸다.

"야, 이 자라새끼들아! 우리 궁노수들은 모두 어디로 갔느냐?"

"즉각 응사하라! 대당 수군이 동이(東夷) 오랑캐들에게 질 수는 없다!" 설인귀가 아무리 광분하여 절규해도 상황은 이미 돌이킬 수 없는 지경에 빠져들고 있었다.

그때, 김시득이 군령기를 올리고 돌격명령을 내렸다. "고구려 수군은 돌격하라!"

"적 대장선에 배를 붙이고 일제히 도선(渡船)하라!" 명령을 받은 고구려 수군 대장 해주산이 돌격선들을 이끌고 설인귀의 지휘 누선을 향해 돌격했다. 전위대의 중선과 돌격대의 협선들이 해주산의 전함을 옹위하며 적선을 향해 달려들었다.

얼굴에 무서운 악귀 형상의 탈을 쓴 돌격장인 소형 온철호(溫鐵虎)도 설인귀의 누선을 향해 맹렬한 기세로 돌격했다. 온철호는 영양왕 때 유명한 온달(溫達) 장군의 증손자였다.

고구려 전함들이 일제히 자신의 누선을 노리고 육박하자 이를 알아챈 설인귀의 얼굴에 이내 공포의 빛이 어렸다. 부하들에게 응전하라는 말도 더는 나오지 않았다. 응전은커녕 저마다 제 목숨부터 살리고 봐야 할 판이었다.

"후, 후퇴하라!"

설인귀가 소리쳤다.

"배를 돌려라! 빨리 배를 돌려라!"

신라군의 대승이었다.

이날 접전에서 신라군은 당군 전함 160여 척을 깨뜨리고 군사 5000여 명을 죽였다.

그렇게 김시득은 상대적으로 허약한 군세를 가지고 치고 빠지는 전술을 구사함으로써 설인귀의 당군 대 함대를 수시로 괴롭혔다.

김시득은 당군 함대를 기벌포에 묶어두고 서해로 나오기가 무섭게 격파, 침몰시켰다. 그러니 설인귀는 좁은 포구에 갇혀 꼼짝도 할 수 없었다.

그렇게 한 달이 지났다.

"적이다! 당괴 배가 나타났다!"

기벌포 바깥 연해였다. 아군 척후선에서 신호기가 오르고 이어서 효시(嚆矢)가 날아올랐다. 또다시 탈출을 시도하는 당군 함대를 발견했던 것이다.

"섬 뒤로 돌아라! 적 함대가 쫓아온 뒤에 그 뒤로 돌아 진을 쳐라!"

김시득이 군령을 내렸다. 육지와 섬 사이 해협을 서둘러 빠져나간 신라 함대는 섬 뒤쪽으로 돌아가자마자 일제히 뱃머리를 돌려다시 섬을 우회했다. 그리고 당군 함대의 후미로 돌아가서 진을 펼쳤다.

김시득함대는 전면에는 대선들이 진을 치고, 그 좌·우익과 후위에는 중선과 협선들이 포진하여 당군 함대의 배후를 차단했다.

마침내 적의 함대가 사정권에 들어왔다.

"공격하라! 총공격하라!"

김시득이 벼락처럼 소리치며 붉은 군령기를 힘껏 휘둘렀다. 곧이어 전고가 마구 울렸다.

당 수군은 신라 수군이 갑자기 배후에서 나타나 퇴로를 차단하자 당황했다. 수백 척의 함대가 일시에 뱃머리를 돌리려는데 마침 해류가 역류였다. 혼란은 필연적이었다.

당군은 신라 수군을 공격하려고 서둘러 함대를 회전시키려다 자기네 전함끼리 부딪쳐 와지끈 뚝 뚝! 노와 키가 마구 부러져나갔다. 그런 배들은 금세 방향을 잃고 표류하기 시작했다.

이렇게 통제 불능 상태에 빠진 당군 전선들은 신라 수군의 날렵한 중선과 협선으로 구성된 선봉대·돌격대·유격대의 밥이 되어버렸다.

적 함대가 200보 이내 사정거리로 들어오자 사격명령이 떨어졌다.

"쏴라!"

김시득이 다시 군령기를 힘차게 휘두르고 고수는 전고를 둥둥 둥둥! 쉴 새 없이 울려 진군을 재촉했다.

갑판에 일렬로 늘어선 궁수들이 일제히 시위를 당겼다가 놓았다. 궁수들마다 바로 곁에는 방패수가 커다란 방패로 앞을 가려 사격하는 궁노수를 적군의 화살로부터 보호해주었다. 2인 1조의 궁수와 방패수 바로 뒤에서는 제2열의 궁수대가 무릎을 꿇고 앉아서 화살을 시위에 먹이고 있다가 제1열이 발사를 하고 방패 뒤로 몸을 숨기면 바로 그 자리에 교대로 들어가 화살을 날렸다. 그렇게 해서 자연스럽게 연속사격이 이루어졌다.

김시득은 평소에 이와 같은 연사(連射) 훈련을 실전과 다름없이 반복해서 실시했기 때문에 궁수와 방패수 간의 협력, 또는 궁수와 궁수 간의 교대에 거의 빈틈이 없었다. 훈련이 실전에 못지않게 중요하다는 사실은 이렇게 증명되었다.

적함과의 거리가 점점 가까워지자 궁수들은 하늘을 향해 쏘아 올리던 곡사법(曲射法)을 수평으로 발사하는 직사법으로 바꾸었다. 화살에 정통으로 맞아 픽픽 쓰러지는 적군의 모습이 육안으로도 분명히 보였다.

마침 풍향이 신라 수군에게 절대로 유리한 북서풍이었다. 적 함대가 기동력을 잃고 우왕좌왕하자 김시득은 총공세를 펼쳤다.

육박전에 앞서 시득은 풍향을 이용해 본격적으로 화공을 펼쳤다. 화토병과 불화살의 세례를 받고 당군 전함은 한 척 한 척 불길에 휩싸이기 시작했다.

이어서 노포들의 포격을 멈추고, 궁수대의 근접사격도 중지시켰다. 궁수들과 방패수들은 활과 방패를 갑판에 내려놓고 저마다 칼과 창, 도끼와 철퇴 등 단병접전을 위한 무기를 꺼내어 잡았다.

속력이 빠른 중선과 협선들이 아군 대선들 사이를 요리조리 빠져나가며 적선을 향해 무서운 기세로 돌격해 들어갔다. 승세를 타고 내지르는 신라와 고구려 군사들의 함성이 바다와 하늘에 쉴 새 없이 울려 퍼졌다.

마침내 적선에 도선이 시작되었다. 휙 휙! 쇠갈고리를 매단 밧줄이 연달아 당군 전함의 갑판에 날아가 걸렸다. 신라와 고구려 수군들이 와 와! 소리치며 밧줄을 잡고 적선에 기어올랐다. "적장을 잡아라! 적 대장을 잡는 용사에게는 벼슬과 상급을 내릴 것이다!"

김시득의 명령이 전령을 통해 전 함대에 전해졌다. 군사들의 사기는 백 배나 올라 목숨을 아끼지 않고 용감하게 싸움에 임했다. 그날도 하루 종일 이어진 기벌포 외각 해전에서 당 수군은 병력의 절반이 넘는 2만여 장졸이 전사하고 500여 함선 가운데 다시 200여 척이 파괴되거나 침몰했다. 연전연패, 설인귀는 얼굴을 들수 없는 참패였다.

무엇보다도 이번 해전에서 당군은 부총관인 양대충(梁大忠)이 전사했다. 고구려 소형 출신 돌격장 온철호가 가장 먼저 양대충의 대장선에 뛰어올라 호위 군사들 속에서 허둥대는 양대충의 가슴을 사람 키보다 훨씬 더 긴 철창으로 사정없이 찔러 죽여 버렸던 것이다. 양대충이 전사하는 것을 보자 그의 부장과 호위 군사들은 앞다투어 누각에서 달아났다. 달아나봤자 바닷속으로 풍덩 풍덩 몸을 던지는 것이 고작이었다.

해전이 대승으로 끝나자 김시득은 온철호가 잘라 가지고 온 양대충의 머리를 대장선 큰 돛대 위에 매달아 모든 군사가 바라볼 수 있도록 했다.

큰 돛대 위에 높이 효수된 적장 양대충의 머리를 보자 신라와 고구려 수군 장병들은 다시 한 번 바다가 떠나갈 듯 커다란 환호성을 올렸다. 취타병들은 피리와 나팔을 불고 징과 꽹과리를 마구두드려댔다.

시득은 이렇게 함대를 이끌고 신출귀몰하는 유격전을 펼치며 설인귀의 당군 함대를 괴롭혔다.

이처럼 시득은 무려 22번에 걸친 기동 유격전을 벌여 당나라 수군을 공격했고 모두 빛나는 승리를 거뒀다.

그리하여 마침내 당군 2만여 명의 목을 베고 300여 척의 전함을 격침시킴으로써 당군 총사령관 설인귀를 패퇴시켰다. 해전에서는 전사자 수가 쉽사리 파악되지 않기 때문에 당군의 피해는 훨씬 더 컸다. 설인귀가 구사일생으로 패주한 뒤부터 서해상에선 당군의 군사 활동 기록이 전혀 없다.

기벌포해전에서 참패를 거듭한 설인귀가 극소수의 패잔병들을 이끌고 서해를 건너 달아나서 다시는 이 땅에 나타나지 않았던 것이다.

김시득의 기벌포해전 대승을 계기로 그때부터 신라의 수군이 서해의 제해권을 완전히 장악했던 것이다.

제7장

발
해
와

남
북
국
시
대

...

676년 11월 기벌포해전의 승리로 신라는 당군을 한반도에서 완전히 몰아내버렸다. 그렇게 나당전쟁은 8년간의 지루한 공방전 끝에 신라의 승리로 마무리되었던 것이다.

그런데 그 이후 시대를 1945년 8.15광복이 지난 70년 동안 이른바 '통일신라시대'라고 불러왔다. 이는 한민족사를 폄하하는 비자주적인 표현이다. 사대주의와 식민주의 역사관에 빠진 반도사관에 입각한 망령된 표현이다.

신라가 당과 합세하여 백제와 고구려를 멸망시켰지만 곧 이어 고구려 고지였던 만주 대륙, 오늘의 중국 요녕성·갈림성·흑룡강성 등 동북 3성에서 고구려의 후예들이 대진국(大震國) - 발해를 건국하여 200년이나 사직을 유지했던 것이다.

따라서 이 시대는 남북국시대라고 불러야 옳지 통일신라시대라고 불러서는 안 되는 것이다.

발해가 건국한 것은 고구려가 망한 지 30년 뒤, 나당전쟁이 끝난 지 22년이 지난 뒤였다.

거듭 강조하지만 천손족 한민족사는 고조선 붕괴 후 삼국시대가 된 것이 아니라 열국시대에 이어서 남북국시대, 그리고 고려시대와 조선왕조시대로 이어져 왔다. 그러므로 삼국시대니 통일신라시대니 하는 용어는 쓰지 말아야 한다.

668년 9월 신라와 당의 연합군에 의해 평양성이 함락되고 고구려가 멸망하자 만주를 포함한 옛 고구려 지역은 큰 혼란에 빠졌다. 비록 고구려를 정복했다고는 하지만 당나라의 힘이 미친 지역은 요동에서 평양에 이르는 통로와 그 인근에 지나지 않았기 때문이었다.

망국 당시 고구려의 국세는 5부 176개 성에 69만 호였다. 당은 그해 12월에 고구려의 수도였던 평양에 안동도호부를 설치하고, 옛 고구려 지역을 9개 도독부, 42개 주, 100개 현으로 나누어 통치하려고 했다.

총독격인 안동도호에는 침략군 장수의 하나인 설인귀(薛仁貴)를 임명하고 2만 명의 군사를 주둔시켰다.

그렇게 하고도 고구려 유민들의 부흥운동에 겁을 먹은 당은 그 이듬해인 669년 5월에 고구려 유민 2만8000여 호를 요서지방과 중국 내륙지방으로 강제 이주시켰다.

하지만 남아 있는 유민들이 곳곳에서 당의 지배에 맞서 격렬한 저항운동을 벌이고, 신라군까지 북상하여 당군을 몰아냄에 따라 당은 676년 2월에 안동도호부를 요동의 요양으로 후퇴시킬 수밖에 없었다.

그리고 677년 2월에는 장안으로 끌고 갔던 고구려의 마지막 임금 보장왕(寶藏王)을 요동주 도독 겸 조선왕으로 내세웠다. 그리고 내륙 각지로 강제 이주시켰던 고구려 유민 다수를 다시 요동으로 돌려보내 보장왕의 통치를 받게 했다. 이렇게 하여 고구려 유민의 부흥운동을 무마하려고 했으나 일은 당의 뜻대로 되지 않았고, 보장왕마저 고구려 부흥운동에 합세하려는 기미를 보였다.

681년. 당은 조선왕을 폐지하여 보장왕을 다시 장안으로 끌고 갔고, 다수의 고구려 유민도 재차 내륙지방으로 강제 이주시켰다.

이처럼 모든 시도가 물거품으로 돌아가자 당의 통치기구 안동도호부는 결국 유명무실해져 버리고 말았다.

한편 고구려 망국 직후 일부 유민은 남쪽 신라로 망명하여 고구려 재건운동을 벌이기도 했으나 결과적으로 신라의 대당전쟁(對唐戰爭)에 이용만 당하고 복국(復國)의 꿈이 무산되자 일부는 그대로 신라 백성이 되고, 일부는 다시 북상하여 대동강과 압록강·두만강을 건너 고구려의 옛 터전으로 돌아갔다.

발해 건국의 주역인 대걸걸중상(大乞乞仲象)과 대조영(大祚榮) 부자도 고구려 망국 이후 요서지방의 요충인 영주의 치소 조양에 이주당한 고구려의 유장이었다.

<구당서>에 이르기를, '발해말갈의 대조영은 본래 고구려의 별종이었다. 고구려가 멸망하자 그는 가속을 거느리고 영주로 옮겨가 살았다'고 했다.

하지만 대걸걸중상과 대조영 부자가 '고구려의 별종-말갈족'이라는 <구당서>의 기록은 사실과 다르다.

이들이 처음부터 대씨 성을 썼는지도 알 수가 없고, 필자의 추측으로는 본래 고구려의 왕족인 고씨였으나 나중에 발해를 건국하고 왕성(王姓)을 대씨로 삼은 것으로 보인다.

고구려의 시조 추모성왕(鄒牟聖王:東明聖王)도 해모수(解慕漱)의 후손이지만 고씨로 왕성을 삼지 않았던가.

당 태종과 고종에 이어 측천무후(測天武后)가 당나라를 통치하던 696년 5월, 거란족의 지도자인 송막도독 이진충(李盡忠)과 귀성주자사 손만영(孫萬榮)이 군사를 일으켜 영주를 함락시키고 가혹한 압제자로 원성이 높던 영주도독 조문홰(趙文翽)를 잡아 죽였다.

이 반란에는 요동과 요서에 거주하던 고구려 유민, 거란족, 말 갈족 등이 연합했는데, 폭동을 처음 시작하여 그 불길을 서쪽으로 몰고 간 쪽은 거란족이지만, 옛 고구려 땅 동부전선에서 주도적으로 당군과 싸운 쪽은 고구려 유민과 말갈족이었다. 그리고 그 중심에는 대걸걸중상과 대조영 부자가 있었다.

서부전선에서 승승장구하며 중국 내륙으로 진격하던 거란군은 한때 오늘의 북경 인근까지 점령하고 17만 명의 당나라 대군을 섬멸하는 등 맹렬한 기세를 올렸으나, 697년 4월에 돌궐족의 개입으로 정세는 급변했다.

그동안 중국 북부에서 끊임없이 중국을 괴롭히던 돌궐족이 거란족의 반란을 진압해주는 조건으로 전에 중국이 빼앗아간 영토와 백성과 무기와 재물 등을 요구했고, 연전연패하여 나라가 위태롭게 된 당은 이런 조건을 모두 받아들였던 것이다.

돌궐은 정예군을 투입하여 거란의 배후를 쳤고, 손만영이 이끄는 거란군은 큰 타격을 입었다. 설상가상으로 동맹군이었던 해족까지 돌궐군에 붙어 거란에 창을 겨누었다.

돌궐·해족·당군의 공격에 거란군은 급격히 와해되어 동쪽으로 후퇴하다가 손만영은 피살당하고 남은 거란군은 돌궐에게 항복했다. 이렇게 하여 1년에 걸친 거란의 거병은 아깝게도 실패로 돌아가고 말았다.

서부전선에서 거란군의 궤멸은 당연히 동부전선의 고구려·말갈 연합군에게도 큰 영향을 미쳤다.

그 무렵 대걸걸중상과 대조영 부자는 고구려 유민과 말갈족 수만 명을 이끌고 말갈족 지도자 걸사비우(乞四比羽)와 더불어 조양을 탈출하여 동쪽으로 요하를 건너 고구려 옛 땅으로 돌아가고 있었다.

측천무후는 대걸걸중상을 진국공(震國公)으로, 걸사비우를 허국공(許國公)으로 봉해 달래려 했으나 그따위 허울뿐인 명예직이 무슨 소용이랴.

당은 회유책이 실패로 돌아가자 이번에는 무력행사를 시도하여 항복한 거란 장수인 좌옥검위대장군 이해고(李楷固)와 중랑장 색구(索仇)로 하여금 대군을 이끌고 이들을 추격하여 섬멸토록 명령했다. 거란군을 궤멸시킨 여세를 몰아 고구려 부흥운동의 싹을 자르려고 했던 것이다.

당군과 쉴 새 없이 혈전을 벌이면서 고구려 유민과 말갈인들은 계속 요동으로 향했다. 그동안 이해고와의 싸움에서 걸사비우는 전사하고, 대걸걸중상도 행군 중에 병사했다.

최고지도자가 된 대조영은 출중한 용맹과 지략까지 겸비한 당대의 영웅이었다. 전하는 바에 따르면 그는 어려서부터 용맹이 뛰어났으며, 말을 잘 탔고 활을 잘 쏘아 고구려의 장수가 되었다고 한다.

그는 끈질기게 추격하는 당군을 유인하여 저 유명한 천문령싸움에서 결정적 승리를 거두었다. 이 전투에서 참패한 이해고는 간신히 목숨만 구해 도망쳐버렸다. 이것이 698년 초의 일이었다.

무려 5000km의 대장정 끝에 옛 고구려 5부의 하나였던 계루부 지역을 수복한 대조영은 698년 오늘의 길림성 돈화시 서남쪽 22.5km 지점, 송화강 상류 휘발하 건너편의 해발 600m 지점인 동모산에 오동성을 쌓고 새 나라 대진국(大震國)의 건국을 선포하고 연호를 천통(天統)이라고 세웠으니, 이는 구국 고구려가 멸망한 지 30년 만의 일이었다.

또한 나당전쟁이 신라의 승리로 돌아간 지 22년 만의 일이었다. 이로써 한국사는 열국시대에서 남북국시대로 접어들게 되었다. 우리는 남북국시대를 외면하고 '통일신라시대'라고 불러왔는데, 이는 참으로 반도사관에 갇힌 주체성 없고 잘못된 시대구분이다.,

여기에서 조선시대 유득공(柳得恭 ; 1748~1807년)이 <발해고(渤海考)>에서 대조영에 관해 쓴 기록 전문을 소개한다.

- 고왕(高王 : 발해 태조)의 이름은 조영으로 진국공의 아들이다. 일찍이 고구려 장수가 되었는데, 용맹스럽고 말타기와 활쏘기를 잘했다. 진국공이 죽고 걸사비우가 패하여 죽자 대조영은 이를 피하여 도망하였다. 이해고가 그를 쫓아 천문령을 넘자 대조영이 고구려와 말갈 군사를 이끌고 크게 격파하여 이해고는 겨우 몸만 빼서 탈출했다.

대조영이 걸사비우의 무리를 병합하여 읍루족이 살았던 동모산을 거점으로 삼으니 말갈과 고구려 유민이 모두 그에게 돌아갔다.

마침내 돌궐에 사신을 보내 외교를 맺고, 부여·옥저·고조선·변한 등 바다 북쪽의 10여 국을 정복하였다. 동쪽으로 동해에 이르고, 서쪽으로 거란에 이르고, 남쪽으로 신라와 이하(泥河;함남 용흥강으로 비정)를 경계로 이웃하였다.

그 나라 땅은 사방 5000리에 달했고, 호구는 10여 만 호였고, 정예병사가 수만 명이었다. 또 중국의 문자를 잘 익혔으며, 풍속은 고구려·거란과 대체로 비슷하였다.

성력(聖曆) 연간(698년)에 나라이름을 진(震)이라 하고, (<신당서>에는 진(振)이라 하였고, 〈문헌비고〉에는 진조(震朝)라 하였

다) 스스로 왕위에 올라 진국왕이 되었다. 홀한성을 쌓아 살았으니 영주에서 동쪽으로 2000리 떨어진 곳에 있었다. 이때에 해와 거란이 모두 당나라에 반기를 들어서 도로가 가로막히자 측천무후가 발해를 토벌할 수가 없었다.

중종이 즉위한 뒤에 이어서 장행급(張幸岌)을 발해에 파견하여 대조영을 위로하고 어루만지자 고왕도 아들을 당나라에 보내 황제를 모시도록 하였다. 현종 선천 2년(713년)에 낭장 최흔(崔訢)을 보내서 고왕을 좌효위대장군·발해군왕으로 책봉하였고, 그가 통솔하는 영토를 홀한주로 삼아 홀한주도독에 임명하였다.

이때부터 말갈이란 칭호를 버리고 발해라고만 부르게 되었다. 이후 대대로 당나라에 조공을 바쳤고, 유주절도부와 서로 사신을 교환하였다. 부여부에 강한 군대를 주둔시켜 거란을 방비하였다.

현종 개원 7년(719년)에 왕이 죽자 3월 병진일에 당나라에 사신을 보내 알렸다.

그런데 최근 필자가 전해들은 바에 따르면 대조영이 첫 도읍지로 삼은 동모산의 오동성 옛터인 산성자산성이 흔적도 없이 사라져버렸다고 한다. 인근 주민들이 산성의 성돌을 건물 기초석이나 담장용, 심지어는 돼지우리를 짓기 위해 계속해서 빼내가는 바람에 성벽의 유적이 하나도 남지 않은 폐허로 변했다는 것이다.

거란과 돌궐의 잇따른 침노로 대진국을 제압할 여력이 없었던 당 현종은 할 수 없이 713년에 낭장 최흔을 보내 고왕에게는 '발해군왕(渤海郡王)'이란 칭호를, 그의 태자 대무예(大武藝)에게는 '계루군왕(桂婁郡王)'이란 칭호를 주었다. 고왕은 발해 태조 대조영의 시호다. 그러나 우리나라에선 발해 태조 고황제로 부르는 것이 옳다.

왜냐 하면 발해는 칭제건원한 당당한 제국이기 때문이다. 태조 고황제의 연호는 천통(天統)으로 전해오고, 그의 아들 무황제의 연호는 인안(仁安)이었다.

대조영은 이렇게 출중한 통솔력을 발휘하여 고구려 망국 30년 만에 다시 그 옛 터전에서 고구려의 뒤를 이은 당당한 제국 발해를 건국했던 것이다.

그리고 그 지역에 흩어져 살던 고구려 유민과 말갈족 등 옛 고조선의 유민을 모두 아울렀으니 천하의 주인을 자처한 당나라도 더는 어쩌지 못하고 발해의 건국을 인정할 수밖에 없었다.

그들이 할 수 있는 조치라는 것이 옛날부터 써먹던 이른바 책봉이란 것이었다. 자신의 힘이 미치지 못하는 주제에 발해군왕이니 계루군왕이니 홀한주도독이니 하는 소리가 무슨 말라비틀어진 소린가 말이다.

어쨌든 당나라로서는 마지못해 대진국의 건국을 승인한 것이었다. 발해라는 명칭은 여기에서 비롯되었다. 사실 230년 동안 사직을 유지한 발해의 영역에는 '발해'라는 지명이 없었다. 발해인은 자신들의 국호를 '위대한 동쪽나라'라는 뜻에서 대진(大震)이라고 불렀으며, 자랑스러운 고구려의 후신으로 자처했다.

그리고 또 한 가지 바로잡아야 할 잘못 알려진 사실이 있다. 지금까지 사학계에서는 발해 건국을 주도한 집권층만 고구려의 유민이고 피지배층인 국민의 대부분은 말갈족이라는 설이 정설처럼 굳어져 왔는데, 이는 참으로 한심하고 잘못된 것이다.

<속일본후기>에 '일본은 동쪽으로 멀리 떨어져 있고, 요양은 서쪽의 장벽이니 두 나라의 거리가 만 리가 넘는다'는 구절이 있다. 이를 풀이하면 발해의 서쪽 당과의 접경이 요양이란 말이니, 당연히 그 동쪽 요동은 발해의 영토라는 뜻이 된다.

당시 요동에 살던 주민 대부분은 고구려의 유민이었고, 상대적으로 말갈족은 소수였다. 따라서 발해의 지배층은 대체로 고구려의 유민이고 피지배층은 대부분 말갈족이란 이론은 타당성을 잃게 되는 것이다. 상식적으로 생각해보라. 고구려 유민의 능력이 아무리 탁월하고 무력이 강력했다 하더라도 극소수의 인원으로 이민족인 수많은 말갈족을 200년이 넘도록 지배했다는 말을 그대로 믿을 수 있겠는가.

어쨌든, 대진국의 건국 초기 세력은 영토가 사방 5000리, 호수가 10여 만, 군사가 수만 명으로 알려져 있는데, 추산해보건대 인구는 50만 명 안팎이었을 것이다. <신당서>의 기록은 이렇게 전한다.

> 백두산의 동북쪽을 확보하고 송화강을 천험으로 삼았으며 밀림을 벽으로 스스로를 견고히 했다. …(중국에서) 먼 곳을 믿고서 나라를 세웠다.

고왕 원년(698년)에 발해는 중앙과 지방의 정치·군사 기구를 정비하고, 그때까지 복속하지 않고 있는 주변의 말갈족을 회유하거나 굴복시켜 인구와 군사력을 늘리는 한편 밖으로는 멀리 떨어진 돌궐로 사신을 보내 국제적 위상 확보에도 힘을 쏟았다.

이에 발해를 무력으로 제압할 여력이 없는 당나라도 외교적으로 나올 수밖에 없었다.

고왕 7년(705년)에 발해가 사신을 보내 건국을 통보하자 당에서도 측천무후에 이어 왕위에 오른 중종(中宗)이 발해에 사신을 보내 건국을 축하했다.

고왕은 국가의 토대를 탄탄히 굳힐 동안 당과의 불필요하고 무모한 대결을 피하기 위해 둘째 아들 대문예를 답례사절로 보내 양국은 일시적이나마 화평을 유지할 수 있었던 것이다.

태조 고왕- 고황제가 세상을 뜬 것은 719년. 그의 뒤를 태자 대무예가 이으니 제2대 무왕- 무황제다. 무황제는 즉위하자 연호를 인안(仁安)이라고 선포했다.

우리 역사에서 발해사를 빼놓을 수 없다. 얼빠진 자가 아니라면 우리나라 사람으로서 발해가 고구려를 이은 나라요, 따라서 발해사는 당연히 우리 민족사의 일부라는 사실을 모르는 사람이 없다.

그럼에도 불구하고 최근 중국은 정부차원에서 발해사는 물론 고구려의 역사까지 중국사에 편입시키려는 음모를 공공연히 자행하고 있다. 이야말로 역사왜곡을 넘어서 파렴치하고 몰염치한 역사탈취라고 하지 않을 수 없다.

필자는 1995년 7월에 중국 쪽으로 백두산을 등정한 뒤 15일 동안 만주에 있는 고구려와 발해 유적을 답사한 적이 있었다. 그때 고구려 유적 안내판에는 어김없이 '고구려는 중국의 지방정권'이라는 구절이 들어 있었고, 발해 유적 안내판에도 또한 어김없이 '발해는 당나라 때 속말말갈인이 중국 동북과 러시아 연해주에 세웠던 지방정권'이라는 터무니없는 구절이 들어 있기에 통분을 금할 수 없었다.

과연 발해가 속말말갈인이 세운 중국의 지방정권에 불과했던가. 중국인들의 주장이 맞는다면 발해 태조 대조영도 말갈 사람이 되는 셈이 아니겠는가.

발해의 멸망과 더불어 우리 민족은 드넓은 만주대륙을 잃어버렸다. 발해가 망한 뒤 우리 역사는 압록강 이남 한반도로 축소되어 버렸던 것이다.

그래서 '새끼 중국인'인 사대주의 성리학자들과 일제강점기 식민주의사관에 물든 썩어빠진 사학자들에 의해 반도사관이 생겨났던 것이다.

고조선의 뒤를 이어 부여가 일어났고, 부여의 뒤를 이어 고구려가 일어났으며, 고구려의 뒤를 이어 일어난 나라가 발해요, 그 역사의 무대가 만주 땅인데, 그 발해마저 망하자 우리 민족은 다시는 만주대륙을 호령할 수 없게 되었던 것이다.

사대주의 사학자, 식민주의 사학자들의 농간 때문에 우리는 아직까지 고조선과 부여 이후의 열국시대를 삼국시대로 부르고 있고, 이른바 삼국시대 이후는 통일신라시대라고 부르고 있다. 이는 이른바 '통일신라' 북쪽 옛 고구려 땅에 발해가 있었던 사실을 의도적이든 무의식적이든 무시했기 때문이다.

그래서 발해사를 빼앗기고 고구려사도 빼앗길 위기를 맞은 것이다. 따라서 이제부터라도 국사교과서에 발해사에 관한 분량을 늘리고, 시대구분도 통일신라시대가 아니라 남북국시대라고 고쳐야 마땅할 것이다.

특히 김부식이 <삼국사기>를 편찬하면서 중국에 맞선 발해를 아예 우리 역사에서 제외시켜버린 탓에 발해와 대조영에 관한 연구도 우리 역사서보다는 중국과 일본측 기록에 더 많이 의존하게 된 것이다.

다만 일연선사의 <삼국유사>만은 실전된 <신라고기>를 인용하여 '고구려의 구장 조영의 성은 대씨인데 남은 군사를 모아 나라를 세우고 국호를 발해라고 했다'는 기록을 남겨놓았다.

또한 신라 말의 문인이요 유학자인 최치원(崔致遠)도 당나라에 보낸 편지에서 '고구려의 남은 무리가 태백산 남쪽(북쪽의 잘못)에서 나라를 세우고 이름을 발해라 하였다 … 이로써 옛날 고구려가 곧 오늘의 발해라는 사실을 알 수 있다.'고 하여 발해가 고구려의 후신임을 증명했다.

발해와 발해 태조 대조영의 이야기를 하는 김에 발해의 대장군 장문휴(張文休)도 소개하고자 한다. 그의 이름과 행적은 우리나라 사서에서는 찾아볼 수 없고, 중국의 <구당서>와 <신당서>에만 겨우 한두 줄 정도가 나올 뿐이다.

따라서 그의 가계가 어떻게 되는지, 그가 언제 어디에서 태어나 어떻게 발해의 장수가 되었는지 하는 점은 역사의 수수께끼다. 다만 알려진 사실은 장문휴 장군이 발해 제2대 황제인 무왕 14년(732년) 9월에 황명을 받들어 군사를 거느리고 압록강구를 출발, 해로로 당나라 등주, 오늘의 산동성 봉래현 동남부를 기습 공격하여 초토화시켰다는 것이다.

당시 등주는 당나라 동해안의 중요한 경제적·군사적 요충지였으므로 수많은 수군과 육군이 주둔하고 있었다. 하지만 당군은 장문휴가 지휘하는 발해군의 공격이 너무나 신속하고 강력했으므로 제대로 대항하지도 못한 채 궤멸 당하고 말았다.

장문휴는 전격적인 기습작전으로 당나라 방어군을 섬멸한 뒤 곧 바로 등주성을 공격하여 등주자사 위준(韋俊)을 잡아 죽이고 숱한 당군을 참살했다. 그리고 처음 공격할 때와 마찬가지로 신속하게 철군했다. 그야말로 질풍노도 같고 전광석화 같은 기습작전이었다.

당시 당나라 임금 현종(玄宗)은 장문휴 장군이 거느린 발해군의 공격을 받아 등주가 완전히 파괴되고 자사까지 죽었다는 패전 보고를 받자 노발대발하여 우령군장군 갈복순(葛福順)에게 군사를 이끌고 가서 발해군을 토벌하라 명령했지만 갈복순이 등주로 달려갔을 때 발해군사는 이미 자취도 없이 사라져버린 뒤였다.

현종은 등주의 패전을 잊지 않고 보복할 날만 기다리다가 그 이듬해 1월에 발해의 반역자 대문예(大門藝)에게 군사를 거느리고 발해를 치게 하는 한편, 그때 당나라에 숙위(宿衛)로 가 있던 신라의 왕족 김사란(金思蘭)을 급히 귀국시켜 신라로 하여금 발해를 공격토록 했다.

당시 신라 임금은 성덕왕(聖德王)이었다. 발해를 양면에서 협공하려는 현종의 이 기도는 결과적으로 물거품이 되고 말았다.

당시 신라는 당나라의 힘을 빌려 백제와 고구려를 멸망시킨 뒤 대동강 이남을 지배권으로 하고 있었기에 발해의 건국을 탐탁치 않게 여기고 있었다. 그런 까닭에 신라가 사대주의로 섬기던 당나라도 형식적이나마 고왕에게 사신을 보내 발해군왕이란 왕호를 내렸지만, 신라는 고왕이 사신을 보내 건국을 통보하고 양국이 우호관계로써 협력하기를 청했을 때 고왕에게 신라의 5품관에 불과한 대아찬 벼슬을 주는 오만방자하고 주제넘은 짓을 자행했던 것이다. 이야말로 참으로 모욕적인 처사였다.

대문예가 앞장선 당군은 발해를 향해 유주를 출발하긴 했지만 처음부터 승산 없는 싸움이라 군사들의 사기가 엉망이었다. 게다가 당시 당나라는 동쪽·서쪽·북쪽 삼면에서 해·거란·돌궐·토번 등의 끊임없는 공격을 받고 있었으므로 강성한 발해를 침공할 형편도 못 되었다.

결국 발해원정은 군량 등 충분한 보급이 이루어지지도 않았을 뿐 아니라, 계절도 엄동설한인지라 싸우다 죽기보다는 얼어서 죽고 굶어서 죽는 군사가 더 많았다. 그리하여 당나라 군사는 발해군과 제대로 싸워보지도 못한 채 저절로 무너져 중도에 회군할 수밖에 없었다.

한편 김유신(金庾信)의 손자 김윤중(金允中)을 비롯한 4명의 장군이 이끌고 북상하던 신라군도 길이 험한데다가 눈까지 한 길이 넘게 내리는 바람에 절반이나 얼어 죽자 도중에 포기한 채 되돌아가고 말았다.

그 이듬해인 발해 무왕 15년(734년) 1월에 또다시 신라의 숙위 김충신(金忠信)이 현종에게 글을 올려 발해를 치겠다고 자청하여 현종이 이를 허락했으나 아무 성과도 없이 흐지부지되고 말았다.

그 뒤부터 당나라와 신라는 발해를 치려는 생각을 다시는 먹지 못했다.

이렇게 서쪽으로 당의 침략 야욕을 철저히 깨뜨리고 남쪽으로 신라의 도발 의도를 확실히 꺾어놓은 발해는 이후 8세기 초까지 흑수말갈을 비롯한 동쪽과 북쪽의 여러 종족을 굴복시켜 광대한 영토를 개척하고, 일본까지 복속시킴으로써 동북아시아에서 당과 대등한 대제국의 위세를 널리 떨칠 수 있었다.

비록 발해사에 관한 기록이 빈약하여 정확한 역사적 사실을 복원할 수는 없지만, 발해가 이처럼 '해동성국'의 위세를 떨칠 수 있었던 것은 장문휴와 같이 출중한 장수의 탁월한 전공 덕분이요, 또한 그와 같은 명장을 발탁한 발해의 위대한 제왕인 무왕 덕분이라고 할 수 있다.

당시 장문휴 장군이 어느 정도의 병력을 이끌고 당나라를 원정했는지는 알 수가 없다. 또한 발해군의 규모와 마찬가지로 등주를 지키던 당군의 병력이 얼마였는지도 알 수가 없다. 전혀 기록이 없기 때문이다.

하지만 추측은 가능하다. 필자는 장문휴가 거느린 원정군의 규모가 1만 명 안팎이라고 보고 있다. 왜냐하면 1만 명 이하는 당나라 수비군이 최소한 수만 명에 이르렀을 것으로 볼 때 너무나 위험부담이 컸으리라는 점이다. 아무리 전광석화와 같은 기습공격이라도 절대적인 병력의 열세에는 위험부담이 반비례로 높기 때문이다.

따라서 결사대 성격의 원정대라 하더라도 1만 명을 밑돌지는 않았을 것이다. 반면 3만 명 이상이라면 이러한 대군을 수송할 함대의 규모가 수백 척에 이르고, 또 군량과 마초 등 이들 병력을 뒷받침할 군수부대까지 고려할 때 신속 정확한 기습작전이 불가능했으리라는 추측이 나온다.

또한 작전기간에 관해서도 필자는 압록강구에서 등주까지 왕복 소요시간까지 포함하여 5~ 10일의 단기전이라고 추측한다. 현종이 낙양에서 보고를 받고, 현종의 명을 받은 갈복순이 군사를 이끌고 등주로 달려갔을 때, 발해군이 이미 자취도 없이 사라졌다는 사실은 작전기간이 결코 10일을 넘지 않은 단기전이었음을 말해주고 있기 때문이다.

여기에 또 한 가지 빼놓을 수 없는 사실이 있다. 발해의 당나라 원정은 장문휴 장군의 산동반도 기습 한 가지 작전만으로 끝난 것이 아니라는 점이다. 장문휴 장군의 수군을 이용한 기습작전 외에도 무황제가 직접 군사를 이끌고 요하와 대릉하를 건너 당나라 영주와 평주 지방을 점령하고 오늘의 북경 가까운 만리장성까지 진격했다는 것이다. 이 설의 근거는 <신당서> '오승자열전'에 '발해의 대무예(무왕)가 군사를 이끌고 마도산에 이르러 성읍을 점령했다'는 기록이다. 마도산은 요동과 요서의 경계를 이루는 요하 서쪽 요서지방에 있는 산이다. 이에 따라 당군은 발해군의 침공에 대비하여 400리에 걸쳐 요소의 길목을 막고 큰 돌로 참호를 만들었다고 한다.

뿐만 아니라 <자치통감>에도 '대문예를 유주로 보내 군사들을 징발해 싸우게 하는 한편, 유주절도사로 하여금 하북체방처치사를 겸하게 하고 상주·낙주·패주·기주·위주 등 모두 16개에 이르는 주와 안동도호부의 병력까지 통솔하게 했다'는 기록이 나온다.

따라서 수륙 양면을 통한 당시의 발해 원정이 단순한 소규모 기습작전의 범위를 넘어 전면전의 성격을 띤 대대적인 당나라 정벌 작전이었다는 사실을 알 수 있는 것이다.

대문예는 처음에 당에 사신으로 파견되었다가 숙위라는 명칭으로 그대로 머물게 되었는데, 이는 당나라의 입장에서 보면 인질인 셈이지만 발해로서는 당나라 수도 장안에 심어 놓고 당나라의 사정을 알아내는 정보통인 셈이었다.

하지만 이 대문예가 뒷날 친형인 대무예가 무황제로 즉위한 뒤 본국을 배반하고 당에 망명하는 반역자가 된 것이다.

발해와 당의 평화는 오래 가지 못했다. 그 이유는 두말할 나위도 없이 천하의 주인을 자처하는 당의 제국주의·패권주의적 야욕에 있었다.

당은 오랫동안 골치를 썩이던 거란이 716년에 투항한 데에 이어 발해 무황제 8년, 당 현종 14년(726년)에는 흑수말갈까지 항복해오자 옳다구나 하고 이를 좋은 기회로 여겨 그들로 하여금 발해를 공격하도록 부추겼다.

말갈족은 원래 7개 부족이 있었다. 그런데 흑수말갈을 제외한 6개 부족은 이미 발해에 복속하고 흑수말갈만이 따로 떨어져 놀면서 정세를 관망하다가 마침내 더 강한 쪽이라고 판단한 당나라에 붙었던 것이다.

당시 발해는 건국 이후 20여 년 동안 오늘의 동경성을 중심으로 한 속말말갈 지역을 비롯한 말갈족의 땅 대부분과 한반도 북부, 중국 동북지방 등을 정복 복속시킴으로써 남쪽은 신라, 동쪽은 동해, 북쪽은 흑수말갈, 서쪽은 거란과 각각 국경을 이룬 광대한 영토의 대제국으로 성장하고 있었다.

따라서 당나라는 이러한 발해의 강성한 기세에 맞서 그동안 감히 정면으로 맞설 수 없었는데 흑수말갈이 스스로 항복하자 마침내 발해에 대한 침략 야욕을 노골적으로 드러냈던 것이다.

흑수말갈이 항복하자 현종은 그들의 지역에 흑수주를 설치하고 당나라 감독관인 장사(長史)를 파견하여 통치하고자 했다.

이에 무황제가 신하들에게 이렇게 말했다.

"처음에 흑수말갈이 우리의 길을 빌려서 당과 통했고, 또 다른 때에는 돌궐에 토둔(吐屯)을 요청하면서 우리에게 먼저 알린 뒤에 우리 사신과 동행했다. 그런데 지금은 당나라 관리를 요청하면서 우리에게 알리지 않았으니 이는 분명히 당나라와 공모하여 우리를 앞뒤에서 치려는 것이 아니고 무엇이겠는가?"

그리고 이에 대한 조치로서 당나라에서 돌아와 있던 동생 대문예에게 외삼촌 임아상(任雅相)으로 하여금 군사를 동원하여 흑수말갈을 치도록 명령했다.

임아상은 무황제의 외삼촌이라는 설도 있고 장인이라는 설도 있는데, 그런 건 중요한 사실이 아니다.

무황제는 그동안 당나라가 우호적으로 나온 것이 가식이라는 사실에 새삼 분노하여 배신자 당나라를 응징하기로 결심하고, 이에 앞서 당의 동맹 세력이 되어버린 배후의 흑수말갈부터 복속시키기로 작정했던 것이다.

그런데 총사령관으로 임명한 친동생 대문예가 배신을 할 줄이야 어찌 알았으랴. 대문예는 당나라에 숙위로 가 있는 동안 당의 화려한 문물과 군사력 등 강성한 국력에 압도당한 나머지 친당파로 변해버리고 말았던 것이다. 어쩌면 당의 끈질긴 회유와 협박 공작에 넘어갔는지도 모른다. 대문예는 무황제의 명령을 받자 이렇게 반대를 하고 나섰다.

"지금 흑수말갈이 당나라의 보호를 받고 있는데 우리나라가 만일 흑수말갈을 친다면 그것은 곧 당나라와 등지는 일입니다. 당나라는 큰 나라로서 군사가 우리나라보다 만 배나 되니 우리가 당나라와 맞선다는 것은 곧 망국을 재촉하는 것과 같습니다. 옛날 고구려는 전성기에 군사가 30만이나 되어 당나라에 대적했으니 매우 강국이라고 할 수 있지만 결국 당나라에게 망하지 않았습니까? 지금 우리나라는 고구려에 비해 군사가 삼분의 일밖에 되지 않는데 당나라와 싸운다는 것은 불가능한 일입니다."

그 소리를 들은 무황제는 노발대발했다. 아우가 당나라에 가 있는 동안 간도 쓸개도 다 빼앗기고 얼빠진 자가 되어 돌아왔다고 여긴 것이었다. 무황제는 본국인 발해보다도 적국인 당나라의 편을 들어 반대하는 대문예의 제의를 일축하고 다시 한 번 군사를 이끌고 가서 흑수말갈을 정벌하라는 명령을 내렸다.

하지만 이미 친당주의자, 패배주의자가 된 대문예는 군사를 이끌고 출전하기는 했지만 결국 당나라와 맞서게 될 것이 두려워 흑수말갈의 경계에 이르자 다시 황제에게 편지를 보내 이번 원정을 중지할 것을 간청했다.

이에 격분한 무황제는 더는 참지 못하고 즉시 대문예를 파면시키고, 그 대신 자신의 사촌형 대일하(大壹夏)를 원정군 총사령관으로 임명했다. 그리고 비겁한 동생 대문예를 불러들여 죽여 버리려고 했다. 부국강병의 원대한 꿈을 실현시키는 데 걸림돌이 된다면 친동생이라도 죽여 없애겠다는 의지의 발로였다.

그러자 대문예는 목숨을 구하기 위해 군사들을 버린 채 허겁지겁 당나라로 망명하고 말았다. 당 현종은 대문예의 항복을 쌍수로 환영하며 그에게 우효위장군의 벼슬을 내렸다.

무황제는 대일하로 하여금 군사를 이끌고 흑수말갈을 정벌하게 하여 마침내 항복을 받아내고 그들을 복속시키는데 성공했다. 하지만 성격이 불같은 무황제의 화가 거기에서 풀어진 것은 아니었다.

그는 당 현종에게 마문궤(馬文軌)와 물아(勿雅)를 사신으로 보내 대문예의 죄상을 열거하고 그를 잡아 죽일 것을 강력히 요구했다.

그러자 입장이 난처해진 현종은 대문예를 안서, 곧 오늘의 중국 서북쪽 신강성으로 피신시킨 뒤 마문궤와 물아는 그대로 장안에 잡아둔 채 홍려소경 이도수(李道邃)와 원복(源復)을 발해에 사신으로 보내 이르기를, '대문예가 곤궁에 빠져 우리나라에 귀순했는데 그를 어찌 죽일 수 있으랴. 또 지금 그를 영남지방으로 보냈기에 장안에는 없다'는 내용의 궁색한 변명을 했다. 영남은 지금의 중국 남부 광동성 일대 광서장족자치구를 가리킨다.

하지만 무황제는 당나라의 속임수를 빤히 꿰뚫고 있기에 이렇게 강경히 항의했다.

"당나라가 대국이라면 마땅히 신의를 보여야 함이 마땅하거늘 어찌 속임수를 쓸 수 있겠는가? 들건대 우리나라의 반역자 대문예가 아직 영남지방으로 가지 않았다고 하니 반드시 그를 잡아 죽이기 바라노라."

그러자 현종은 이도수와 원복이 기밀을 제대로 지키지 못해 누설한 책임을 물어 이도수는 조주자사로, 원복은 택주자사로 좌천시켜 버렸다. 그리고 대문예는 정말로 영남지방으로 피신시켰다.

하지만 무황제는 반역자 대문예를 도저히 용서할 수 없어 비밀리에 사람을 보내 낙양에서 무술이 뛰어난 자객들을 모아 대문예를 찾아내 암살토록 시켰다. 결국 이 시도도 실패로 돌아갔지만 그렇다고 해서 무황제가 당나라와 대문예에 대한 원한을 결코 잊어버린 것은 아니었다.

무황제 9년(727년)에 무장한 대규모 사절을 일본에 보내 일본의 복속을 받아낸 뒤, 치밀한 작전계획에 따른 극비의 훈련을 마친 끝에 732년에 마침내 당나라 원정을 단행했다.

이에 앞서 730년에 당의 압제를 받아오던 거란의 족장 가돌칸이 당에 반란을 일으켜 당나라의 꼭두각시놀음을 하던 거란 출신 우두머리 송막도독을 잡아 죽이는 사건이 일어났다. 가돌칸은 거란족의 최고 권력자가 되자 돌궐과 동맹을 맺고 해족과 손잡은 뒤 당나라와 치열한 공방전을 벌이기 시작했다.

당나라가 거란과 해족의 공격으로 정신없게 되자 드디어 기다리고 기다리던 기회가 왔다고 여긴 무황제는 당나라 원정 명령을 내렸다. 그 응징작전의 총사령관이 바로 장문휴 장군이었던 것이다. 장문휴 장군의 등주 공습이 대성공을 거둠에 따라 산동성 일대는 공황상태에 빠지고, 그 뒤 오랫동안 발해의 영향권에 속하게 되었다.

발해 제2대 황제 무황제는 기록에 따르면 재위 18년 만인 737년에 죽고 그의 태자 대흠무(大欽茂)가 뒤를 이으니 그가 제3대 황제 문왕(文王)이다. 문황제는 즉위하자 연호를 대흥(大興)으로 고쳤다.

그리고 재위 17년(754년)에는 수도를 첫 도읍지 오동성에서 오늘의 흑룡강성 영안시 동경성 발해진 소재 상경용천부로 옮겼다.

그 뒤 발해는 성장, 발전을 계속하여 중흥조로 불리는 제9대 선왕(宣王), 선황제 대인수(大仁秀) 치세에는 고구려 전성기의 강역을 거의 회복하고 5경 15부 62주를 거느리며 해동성국의 영화를 누리기에 이르렀다.

발해가 멸망한 것은 건국 229년이 지난 926년. 제14대 황제 애왕(哀王) 26년이었다. 발해의 멸망 원인으로는 지도층의 내분과 함께 거란의 급격한 공격으로 망했다는 설이 지배적이다. 근래 백두산의 화산 폭발 때문이라는 이설도 있었으나 이는 전적으로 믿을 바가 못 된다.

당시 한반도 남쪽에서는 고려 태조(太祖) 왕건(王建)이 기울어가는 천년왕국 신라와 견훤(甄萱)의 후백제를 상대로 이른바 후삼국 통일사업을 마무리할 즈음이었다.

발해가 망하자 말갈족은 대부분 거란에 흡수되었지만, 다수의 고구려계 유민은 지속적으로 동족의 나라인 고려로 망명했다.

발해가 건원칭제한 당당한 제국이었음을 증명해주는 분명한 증거가 있다. 1980년 길림성 화룡현 서성향 북고성촌 용두산에서 발굴된 문황제의 넷째 딸 정효공주(貞孝公主) 묘비명에 부왕을 가리켜 황제를 부르는 칭호인 '황상(皇上)'이라고 표현한 구절이 나온다.

또 <속일본기>에 따르면 일본에 보낸 국서에서 문황제가 자신을 가리켜 '천손(天孫)'이라 했고, '고구려의 옛땅을 회복하고 부여의 유속(遺俗)을 지킨다'고 했으니 어찌 감히 이같은 대제국을 가리켜 '말갈족의 나라'라느니, '소수민족의 지방정권'이라느니 하는 망발을 되풀이하고 중국사에 편입시키려는 터무니없는 역사왜곡과 탈취 만행을 자행하고 있는가.

종장

당은 백제 멸망 후 공주에 웅진도독부를, 고구려 멸망 후 평양에는 안동도호부를 설치하여 백제와 고구려 고토를 모두 차지하려는 야욕을 노골적으로 드러냈다.

이는 648년 김춘추가 당에 군사를 청하러 갔을 때에 당 태종 이세민이 김춘추에게 "내가 백제와 고구려 두 나라를 평정하면 평양 이남의 백제 땅은 모두 신라에게 주어 길이 편안하게 하겠다."고 한 약속을 깨는 일방적인 처사였다.

게다가 당은 여기에 보태서 신라 땅은 계림도독부로 삼아 한반도 전체를 지배하려는 야욕을 공공연히 드러냈다.

결국 신라의 '삼한통일'은 물거품이 되어버리고, '통일' 이전으로 돌아가는, 아니 그보다도 더 나쁜 최악의 상태로 몰리게 된 것이다.

이에 신라는 생존투쟁 차원에서 대당 군사항쟁을 개시했고, 이 나당전쟁은 장장 8년에 걸쳐 이어졌다. 이러한 신라의 자주적인 제2통일운동은 1945년 광복 이후 우리 역사에서 재삼 각광받기에 이르렀다.

그러한 자각을 바탕으로 1990년대까지는 나당전쟁도 삼한을 통일하는 마지막 단계로 외세인 당을 한반도에서 완전히 몰아내고 한민족 재통합의 기틀을 마련했다는 인식이 확립되기에 이르렀다.

나당전쟁 초기에 신라는 고구려 광복군과 합세하여 요동의 당군에게 선제공격을 가했으나 우세한 당군 세력에게 밀려 점점 남하하게 되었다.

애초에 백제 원정군 발진 초기부터 당군의 신라군에 대한 군령권 침해가 심각했다. 그리고 백제와 고구려를 패망시킨 뒤에는 그 칼끝을 신라에게 겨누었던 것이다.

더 이상 당나라와 협력할 수 없다고 판단한 신라는 669년까지 철저한 전쟁 준비를 마치고, 670년 3월 사찬 설오유와 김시득, 그리고 고구려 유장 태대형 고연무의 특공대 2만 명을 요동으로 전격 파병했다. 이들은 오골성, 오늘의 요녕성 봉황성을 기습 점령했다. 이로써 나당전쟁의 본격적으로 벌어지게 되었다.

670년 4월에는 고구려 유장 검모잠이 고구려 광복군을 일으켜 그해 6월에는 서해 사야도에서 보장왕의 서자 안승을 모시고 한성으로 내려가 고구려 임금으로 모셨다.

이어서 신라는 670년 7월부터 671년 7월까지 당군이 차지하고 있던 백제 고지에 대한 전면공격을 벌여 옛 백제 땅 대부분을 점령했다. 이에 당은 671년 설인귀의 웅진도독부 구원군을 파견했다. 그러나 이 설인귀 부대는 671년 6월 석성전투에서 신라군에게 대패했다. 신라는 첫 전투 승리의 여세를 몰아 671년 7월에는 부여에 소부리주를 설치하고 도독을 임명했다.

이에 당은 설인귀로 하여금 산동반도에서 병력과 군수품을 싣고 웅진도독부를 구원코자 했으나 이 구원군도 671년 10월 신라 수군에게 패함으로써 시도가 무산되었다.

당군이 673년까지 수군 활동을 하지 못한 원인은 김시득이 지휘하는 신라 수군의 눈부신 해상활동 덕분이었다. 신라 수군이 서해의 제해권을 장악하고 있었던 것이다.

670년 편성된 고구려 출신 고간과 말갈 출신 이근행의 당군은 안시성에서 고구려 광복군의 거병을 진압하고, 671년 평양으로 남하했다. 이에 따라 672년부터 나당 간의 대규모 전투가 이어졌다.

672년 8월에 벌어진 석문전투에서 신라군은 장수 9명이 전사하는 참패를 당했다. 석문은 오늘의 황해도 서흥이다. 김유신의 둘째아들 화랑 출신 김원술이 죽지 못해 살아 남은 것도 그 전투였다. 김원술은 집에 돌아가지 못하고 숨어 살다가 뒤에 매소성전투에서 공을 세운다.

673년에 신라의 방어선은 한강과 임진강 선으로 밀리게 되었다.

674년 당군은 고간과 이근행이 이끄는 4만 병력으로는 신라 정벌이 어려울 것으로 판단하여 유인궤가 거느린 당군을 추가 파병했다.

이로써 한반도에 투입된 당군은 계림도대행군 유인궤의 4만 명, 계림도행군 설인귀의 2만 명, 이근행의 5만 명, 고간의 4만 명 등 도합 15만 여 명에 이르렀다.

675년 9월 설인귀의 당 수군이 매소성의 당 주력군을 위한 보급품 수송작전으로 한강 하구를 거쳐 올라오다가 천성에서 신라군의 공격을 받아 대패했다. 이때 김문훈이 이끈 신라군은 당군 1400여 명을 참수하고 전함 40척, 전마 1000여 필을 노획했다.

곧 이어 벌어진 매소성전투에서 9명의 장수가 거느린 신라군 3만 명은 15만 대군의 당군과 18차례의 전투 끝에 수만 명의 목을 베고 전마 3만여 필을 노획하는 등 대승을 거두었다.

신라군이 병력의 열세에도 불구하고 당나라 대군을 무찌른 것은 당군 기병에 대해서는 특별히 편성된 장창당을 운용했고, 그 밖에 노포당 등을 활용하여 우세한 당군에게 압도적인 전투력을 과시한 결과였다. 매소성은 오늘날 경기도 연천군 청산면 대전리산성이며, 매소성전투는 인근의 초성리산성과 수철리산성에 주둔하던 당군도 함께 무찌른 전투였다.

676년 당나라는 토번(티베트)의 대대적인 침공으로 국가적 위기를 맞게 되었다. 이에 당은 신라 전선에 파병했던 병력을 거두어들이기 시작했다.

676년 11월 당군은 백제 고지를 재점령하기 위한 작전으로 설인귀가 이끄는 수군함대를 백강 하구 기벌포로 보냈다.

설인귀는 산동성 등주에서 군사 2만 명, 전함 500척을 거느리고 서해를 건너 대동강 하구에서 평양의 당군 3만 명까지 싣고 5만 명이 백제 고지를 점령하고자 기벌포로 침범한 것이다.

그러나 이에 맞선 신라 수군은 100척의 전선에 병력은 5000명에 불과했다. 하지만 사찬 김시득이 이끈 신라 수군은 초전에는 고전했지만 이어서 벌어진 22차에 걸친 치열한 접전 끝에 당 수군을 여지없이 무찔렀다.

이 기벌포해전의 승리로 신라는 서해의 제해권을 완전히 장악했고, 당군은 다시는 한반도를 넘보지 못했다. 신라는 이후 안변에서 대동강에 이르는 그 이남 지역을 완전히 장악했다.

그러나 중국은 이런 역사적 사실을 감추고 전혀 인정하려 들지 않고 있다. 토번을 막기 위해 병력을 서쪽으로 이동시켰고, 신라는 포기했다고 주장한다. 참으로 터무니없는 역사 왜곡이다.

신라는 나당전쟁 초기부터 주도권을 잡아 8년 동안 선전을 계속한 끝에 승리했다. 만일 나당전쟁에서 신라가 패배했다면 신라는 그대로 당나라의 계림도독부로 전락하고, 웅진도독부와 안동도호부와 더불어 한반도 전체가 중국 영토가 되고 말았을 것이다.

따라서 천손족 한민족의 역사는 거기에서 끊어져 버리고 지금 한반도는 중국 영토의 변방이 되어 있을 것이다.

그래서 역사의 교훈이 중요하다고 강조하는 것이다. 역사에서 교훈을 얻지 않으면 안 된다.

김시득은 한국사에서 명장의 반열에 올려야 마땅한 영웅호걸이지만 아쉽게도 <삼국사기>에 나오는 단 한 줄밖에는 그에 대해 더 이상의 기록을 찾을 수 없다. 출신성분도 알 수 없고, 또 다른 활동상도 전혀 알 수가 없다.

<삼국사기>의 '신라본기'문무왕 16년 11월조의 기사 한 줄 외에 김시득에 관한 기록이 전혀 없는 것은 아마도 동시대에 활동한 김유신의 명성의 그늘에 가려졌기 때문일 것이다.

김시득의 이름이 희미해지는 동안 오히려 '적장' 설인귀가 엉뚱하게도 한반도에서 산신(山神)으로 추앙되는 이해하기 어려운 현상이 일어났다. 설인귀가 무속신앙의 대상이 되는가 하면, 경기도 파주 땅에서 태어난 인물로 둔갑시킨 설화가 유포되기도 했다.

또 한 가지, 우리 역사에서 아쉬운 점 중 하나는 이순신 장군을 제외한 숱한 해군의 명장들이 부당하게도 잊혀버렸다는 사실이다.

어쨌거나, 매소성전투와 기벌포해전 승리 이후 당군은 한반도에서 완전히 손을 뗐다. 이로써 신라는 대동강 이남 한반도를 완전히 장악하여 북쪽의 발해와 더불어 남북국시대를 열 수 있었다.

신라의 '삼한통일'은 외세인 당의 협력을 얻었다는 점과, 고구려의 영토였던 드넓은 만주 대륙을 잃고 대동강 이남의 통일이라는 한계성을 지니지만, 고구려·백제의 유민들과 힘을 합쳐 당의 세력을 무력으로 축출했다는 점에서 민족적 자주성을 엿볼수 있다.

신라의 통일은 분명히 '삼국통일'이 아니라 '한반도 남부통일'이다. 또한 삼국시대까지는 '민족'이라는 의식이 없었다. 내 나라가 아니면 모두가 적국에 불과했다.

특히 신라는 삼국 가운데 가장 후진국이었다. 중국은 물론 북쪽의 고구려, 서쪽의 백제, 남쪽 바다 건너 왜국까지 모두가 국가의 안전을 위협하는 적국이었지 동족이니 동포니 한 민족이니 하는 그런 개념은 없었다.

살아남기 위해서는 적을 쳐서 물리쳐야만 했다. 그러니까 동족인 고구려와 백제를 무찌르려고 이민족인 당나라의 힘을 빌렸다고 신라를 매도해서는 안 된다. 단군의 자손이니 한 핏줄 한 민족이란 개념은 고려시대 이후에나 나타난 것이다.

그런데, 현재 중국의 역사지도집에는 고구려와 백제 땅이 모두 중국 당나라의 영토로 그려져 있다. 평양에 안동도호부를, 부여와 공주에 웅진도독부를 설치하여 이 두 지역을 일시나마 당의 속현으로 삼았었다는 것 때문이다. 참으로 지나가던 소나 개나 닭도 웃을 황당무계한 작태가 아닐 수 없다.

어쩌면 신라도 계림도독부를 삼았으니 한반도 전체가 중국 땅이었다고 생떼를 쓸지도 모른다. 기막힌 노릇이다.

이는 결국 중국이 아직도 역사 탈취와 날조와 왜곡의 못된 버릇에서 벗어나지 못했기 때문이다. 그것이 우리나라가 역사 교육에 더욱 힘을 기울이지 않으면 안 되는 이유이다. 거듭 강조하지만 역사에서 교훈을 얻지 못하는 민족에게 미래는 없다.

나당전쟁은 그렇게 매소성전투와 기벌포해전을 끝으로 신라의 승리로 막을 내렸지만, 그렇다고 해서 그것이 정말 끝은 아니었다. 중국이 지금도 고구려와 발해사를 중국사의 일부로 삼는 역사 왜곡과 날조와 탈취를 계속하고 있기 때문이다.

중국은 거기에 더해서 이제는 고조선의 역사까지 중국사의 일부로 둔갑시키는 황당무계한 작태를 벌이고 있는 것이다. 단군왕검의 고조선까지 빼앗기면 한국사는 아무것도 남지 않게 된다.

중국이 이른바 '동북공정(東北工程)'을 통해 고구려와 발해사를 당나라 변방의 지방정권이라고 주장하는 이유는 무엇인가. 현재 중국의 영토 안에 있던 나라의 역사는 모두 중국사로 만들기 위한 것이다. 그래서 거란족의 요나라도, 여진족의 금나라도, 몽골족의 원나라도, 여진족의 청나라의 역사도 모두 중국사가 되고, 징기스칸과 누르하치칸도 모두 중국인으로 둔갑시킨 것이다. 징기스칸을 몽골인이 아니라 중국인이라고 해서 온세상이 비웃는 것도 아랑곳하지 않는 낯두꺼운 민족이 한족(漢族)이다.

중국의 역사지도집에는 만리장성의 동단이 황해도 수안으로 되어 있다. 이것은 이병도(李丙燾)가 그렇게 주장했기 때문이다.

또 중국의 탐원공정·단대공정이란 것도 중국사의 상한선을 더 올려 잡기 위한 것이다. 중국인들이 그동안 동이족 오랑캐의 역사라고 멸시하던 동이족의 유적, 고조선의 유적이 중국의 은허(殷墟)보다 훨씬 오래 전의 것이라는 사실이 밝혀졌기 때문이다. 그래서 중국은 중국사의 기원을 이제는 황하문명(黃河文明)이라고 하지 않고 요하문명을 중국사의 시원으로 날조하고 있는 것이다. 그러면서 동이족도 중국인의 조상이라고 강변하고 있으니, 이제는 단군왕검(檀君王儉)과 웅녀(熊女)도 저희 중국의 조상이라고 우기고 나서는 것이다. 참으로 황당무계하다.

단군 할아버지까지 중국인의 조상으로 빼앗기면 한국사는 무엇이 남는가. 아무것도 없게 된다. 그래서 올바른 역사교육이 중요하다는 것이다.

1945년 광복 이후 우리나라 역사학계를 지배한 친일 식민사학자들은 한국인의 탈을 쓴 일본인이라고 할 수 있다. 식민사관의 폐해는 한국사의 진실을 왜곡하고 날조하고 폄훼하여 우리 국민들의 자존심을 짓밟고 열등감을 안겨주었다는 점에 있다. 주체적 국민에게 노예의식을 심어주었다는 죄과가 크다.

광복 80년이 되도록 한국사는 조선총독부 산하 조선사편수회(朝鮮史編修會)가 창작한 식민사관에서 벗어나지 못하고 있다. 조선사편수회에서 식민사학을 만들어낸 이병도와 그 제자들이 대를 이어 한국 사학계의 주류로 군림하면서 역사교육을 주물러왔기 때문이다.

그런 연유로 국사편찬위원회와 동북아역사재단 같이 해마다 수백억 원의 혈세가 들어가는 국가기관이 앞장서 일제 식민사관을 계속해서 확대 재생산하고 있는 것이 오늘 우리 역사교육의 참담한 현실이다.

광복 후 우리나라는 독립운동가들이 친일파들에게 숙청당하는, 참으로 주객이 전도된 어처구니없는 일이 벌어졌다. 정치를 편하게 하려고 친일파를 끌어안은 미군정에 이어 이승만정권이 반민

특위를 강제해산함으로써 친일파를 처단하고 민족정기를 바로 세우려는 애국적 시도를 물거품으로 만들었기 때문이다.

이후 우리 역사학계는 일제강점기에 조선사편수회 수사관보(修史官補)를 지낸 일제의 앞잡이 식민사학자 이병도가 서울대학교 국사학과 교수로 자리 잡고 일제 황국식민사관을 한국사의 정설로 둔갑시켰다. 민족의 자존심을 짓밟고 민족정기를 말살하는 식민사관은 이병도의 제자와 손제자들로 연결되며 오늘 현재까지 이르고 있다. 그렇게 친일 황국식민사학은 실증사학이란 허울 좋은 이름을 내걸고 민족사학을 깔아 뭉개왔던 것이다.

이들 식민사학자들이 한국사를 왜곡하고 날조하고 폄훼한 주요 골자는 이렇다. 단군조선은 역사적 사실이 아닌 신화다. 중국에서 온 위만(衛滿)이 고조선을 통치하면서 비로소 국가가 되었다. 고조선을 멸망시키고 설치한 한사군(漢四郡)은 한반도 북부에 있었다. <삼국사기> 초기 기록은 사실이 아니다. 한반도 남부는 임나일본부(任那日本部)의 지배를 받았다. 한국은 이렇게 처음부터 중국과 일본의 지배를 받았으므로 발전할 수 있었다. 요는 한국사는 중국과 일본의 식민지로부터 시작되었다는 것이다.

조선총독부는 1910년에 한국을 점령한 뒤 통치의 어려움을 절감했다. 한국인들이 단군왕검을 국조로 받들고, 고대에 백제가 일본에게 문화를 전해주었다는 사실을 잘 알고 있었기 때문이다. 그래서 한국사를 왜곡 날조하기 위해 조선사편수회를 만든 것이다. 이들은 한국사 초기에 한반도 북부에는 중국의 식민지인 한사군이 있었고, 남부에는 일본의 식민지인 임나일본부가 있었다고 날조했다.

이병도는 고조선 사회를 미개사회로 규정하고 단군의 존재를 부정했으며, 중국의 식민정권인 한사군의 위치를 만주가 아닌 한반도라고 주장했다. 1984년 진단학회에 실린 대담에서 이병도는 다음과 같은 문답을 주고받았다.

"혹시 선생님 사관에 대해 식민지 사관 운운하는 것에 어떻게 생각하십니까?"

"식민지 사관이요? 난 개의치 않지만 나도 따진다면 민족사관입니다. 내 자찬인지는 모르나 내 공로가 커요. 난 오로지 역사가의 양심대로 연구를 해왔습니다."

이병도의 '민족사관'은 친일 식민사학이지 절대로 민족사관이 아니다. 단재(丹齋) 신채호(申采浩)와 위당(爲堂) 정인보(鄭寅普), 그리고 그들의 맥을 잇는 윤내현과 최재석, 이덕일과 김운회 같은 학자들이 정통 민족사학자들이다.

이병도가 열성적으로 활약한 조선사편수회가 <조선사>를 편찬한 이유가 무엇이었던가. '일선(日鮮) 합병의 은혜를 망각하지 않는 조선인들을 만들기 위해서'였다. 식민사학자들은 임나일본부를 주장하기 위해 <삼국사기> 초기 기록을 김부식의 날조로 몰았다. 김원용 같은 식민사학자는 고고학적 증거가 자꾸 나와 <삼국사기> 초기 기록을 도저히 부인만 할 수가 없으니 '원삼국시대(原三國時代)'란 해괴한 개념을 만들어냈다.

어쨌거나 서기 300년대, 4세기까지 한반도에서는 삼국이란 왕국이 성립하지 않았다는 터무니없고 허튼 주장이다. 숙명여자대학교 명예교수인 이만열은 식민사관을 이렇게 정리했다.

'식민사관은 일제가 한국 침략과 지배를 정당화, 합리화하기 위해 고안했다. 일제는 어용사가들을 동원해 그들의 식민정책을 정당화하기 위해 <조선사>를 편찬했다. 기본내용은 한국사의 상한

연대를 삭감하는 것이다. 한국의 역사가 일본보다 더 오래되어서는 안 되기 때문이다. 둘째는 한국사는 고대부터 외세의 지배를 받았다면서 단군을 부인하고 중국인 기자와 위만에 의해 국가가 성립되었다고 강변했다. 세 번째는 한국사는 줄곧 외세의 지배를 받았고, 네 번째는 한국문화는 외국에서 왔고, 외국 것을 모방했다는 설을 강력히 주장했다.'

제2차 세계대전이 끝난 뒤 유럽에서는 프랑스와 독일을 비롯하여 나치체제의 철저한 청산이 이루어졌다. 그러나 한국과 일본에서는 일본제국주의가 청산되지 못했다. 일본 정치지도자들이 패전 80주년이 다 되어가도록 여전히 일제의 죄악상을 부정하고 온갖 망언을 되풀이하는 것을 보라. 이는 무엇 때문인가. 일본제국주의가 창안한 황국사관, 즉 천황 이데올로기가 여전히 일본인들을 지배하고 있기 때문이다. 또 한국은 매국적 친일 황국식민사학자들을 단죄하지 못했기 때문이다.

단군이 없으면 고조선도 없고, 고조선이 없으면 한국사도 없다. 이병도도 죽기 직전에 인정한 단군과 고조선을 그의 제자와 손제자들은 아직도 부정하고 있다. 자기들만 부정하면 뭐라 하지 않겠지만 그 헛된 학설을 계속 주장하고, 다음 세대에게 그런 허황한 식민사관을 심어주고 있으니 상황이 심각하다. 식민사관이 뼛속까지 들고, 영혼까지 병든 것이다. 지난 2007년 고교 국사교과서에 이렇게 실렸다.

'족장사회에서 가장 먼저 국가로 발전한 것은 고조선이었다. <삼국유사>와 <동국통감>의 기록에 따르면 단군왕검이 고조선을 건국하였다.'

이처럼 '단군왕검이 고조선을 건국했다'는 한 마디가 교과서에

실리는 데 근 60년의 세월이 걸린 것이다. 그리고 재삼 강조하지만 한사군은 한반도에 없었다. 한사군은 발해만 연안 요서지방에 있었다. 한 무제가 고조선과의 전쟁이 끝난 뒤에 자신의 장군 순체와 양복을 처형한 이유가 무엇이었는가. 고조선의 내분 때문에 어부지리로 승리를 했는데, 그나마 얻은 땅은 겨우 고조선의 서부 변경 요서의 일부에 불과했기 때문에 화가 난 것이었다. 그런 까닭에 고조선이 망한 뒤에 설치했다는 한사군은 고조선이 있던 요서라고 하는 것이다. 그런 한사군이 평양 부근 대동강 유역이라니 참으로 말도 안 되는 수작이다. 고조선을 멸하고 한사군을 세운 곳이 오늘의 평양이라면 이야말로 중국의 동북공정을 뒷받침하는 매국, 식민, 사대주의 역사관이 되는 것이다. 북한 땅은 고대에는 중국의 지배에 있었다는 설을 인정하는 꼴이 되는 것이다. 이런 자들이 사학자라고 사학계를 주름잡으며 후학들을 가르치고 있으니 큰일이라는 말이다.

중국이 황당무계한 역사 왜곡과 강탈을 자행하는 까닭은 중국사의 뿌리가 한국사보다도 짧기 때문이다. 그동안 중국사의 시원은 황하문명설이 주류로 자리잡아왔다. 그러나 근래 발해 연안, 요하 유역에서 기원전 7000~1500년의 신석기·청동기 유적이 대거 발굴됐는데 빗살무늬토기·비파형청동검·돌무덤 등 한국고대사 - 고조선의 특징인 유물·유적이 대거 출토됐다. 이는 고조선의 발해만 홍산문명이 중국의 황하문명보다 앞섰다는 움직일 수 없는 반증이다.

결국 중국이 역사를 왜곡하는 까닭은 중국이 천하의 중심이고 주변국은 모두 오랑캐라는 오만방자한 중화제일주의사상에서 비롯된 역사패권주의에 불과하다. 중국정부가 동북공정이니 서남공정이니 또는 단대공정이니 하며 중국사 정비에 열을 내는 이유는 결국 소수민족들의 봉기로 중국이 다시 남북조시대나 5호16국시대처럼 사분오열되는 것을 두려워하기 때문이다. 고구려의 경우만 보자. 과연 고구려가 중국에 '조공을 바치고 책봉을 받던 소수민족의 지방정권'이었을까. 고구려의 역사는 서기전 37년 건국부터 서기 668년 망국까지 28왕 705년을 유지했다. 그동안 중국 땅에는 한부터 당까지 무려 33개국이 있었는데 그 가운데 200년 이상 지탱한 나라는 단 하나도 없었다. 가장 오래 간 나라가 196년을 유지한 후한이요, 그 다음이 103년인 동진이다. 고구려가 '속국'으로 있는 705년 동안 중국에선 33개 나라의 흥망이 무상했으니 이처럼 어처구니없는 '본국'이 어찌 있단 말인가. 그런데 정작 중국이 이처럼 역사왜곡·날조와 탈취에 집착하는 데는 더 큰 이유가 있다. 중국사를 돌이켜볼 때 중국사의 정통 민족이란 한족(漢族)의 역사는 별 볼일 없었기 때문이다. 한족이 세운 나라는 한(漢), 그리고 동진 이후 송(宋)과 명(明) 정도에 불과했다. 중국 북부에서 일어난 수(隋)나라 양씨(楊氏)와 당(唐)나라 이씨(李氏)는 원래 조상이 선비족(鮮卑族) 탁발씨(拓拔氏), 오늘의 중국 동북지방에서 일어난 요(遼)는 거란족, 금(金)은 여진족, 세계적 대제국 원(元)은 몽골족, 오늘의 중국 판도를 이룩한 청(淸)은 여진족…. 이처럼 성세를 자랑하던 중국사의 대부분은 한족이 동이(東夷)·서융(西戎)·남만(南蠻)·북적(北狄)이라 부르며 멸시하던 '오랑캐'의 역사였던 것이다.

흉노의 역사는 중국사만큼 오래되었다. 투르크 몽골 계통 흉노의 일파로 동쪽지역에 살던 족속이 선비족과 오환족인 동호이다.

하(夏)를 무찌르고 섰던 상(商)은 동이족의 나라였고, 주(周)나라의 기원도 나중에 강족(羌族)으로 불린 서융의 자손이며, 진시황(秦始皇)의 진나라도 투르크 몽골족인 서융의 일족이었다. 5호16국의 5호는 흉노, 역시 흉노의 일족인 갈, 티베트족의 조상인 저, 투르크 몽골족인 선비족 등이다.

선비족은 탁발씨, 우문씨, 단씨, 걸복씨, 모용씨 등 5개 씨족이 있었다. 이 가운데 모용씨가 연(燕)을 세웠고, 우문씨는 북제(北齊)를, 탁발씨는 북주(北周)를 세웠다. 수나라는 북주의 외척 양견(楊堅)이 세웠고, 수나라가 망하자 선 당나라의 이연(李淵) 이세민(李世民) 부자도 원래는 탁발씨의 후예였다. 이 이가들이 중국을 차지한 뒤 원래 탁발씨라는 출신 비밀을 감추고 중화 출신 한족으로 둔갑했던 것이다. 중국사 최고의 융성기라는 당나라, 중국사 최고의 성군이라는 당태종(太宗)이 한족이 멸시하던 선비족 오랑캐 탁발씨 출신이었던 것이다.

중화제국주의와 역사패권주의에 우리가 기죽을 것은 없다. 중국공산당이 언제까지나 중국대륙을 지배한다는 보장이 있는 것도 아니다. 몽골도 티베트도 신장도 모두가 역사와 언어·관습·종교가 다른 고유의 민족이다. 이들이 독립하는 날이 언젠가는 반드시 올 것이다. 이른바 동북3성, 만주의 한민족(韓民族)이 재기하는 날이 오면 더욱 좋은 일이다.

<삼국지(三國志)>는 우리나라에서 가장 많이 읽히는 소설이다. 동북아시아에서는 불경과 성경보다도 더 많이 팔리는 책이다. 14억 인구의 중국보다도 5천만 인구의 우리나라에서 어찌하여 <삼국지>가 더 많이 읽힐까. 우리나라 소설 중에서 <삼국지>를

능가할 만큼 재미있는 작품이 없는 탓인지는 모르겠으나 매우 바람직하지 못한 일이다. 이름만 대면 누구나 알 수 있는 유명한 작가들도 다투어 <삼국지>를 펴내 많은 돈을 벌었다니 참으로 한심하다.

얼마나 우리 역사를 천대했으면 유비·관우·장비는 잘 알아도 을지문덕·연개소문·계백은 잘 모르게 됐을까. 또한 제갈량·조조·손권·조자룡·마초는 잘 알아도 부분노·명림답부·석우로·김문노·흑치상지·고선지는 잘 모르게 됐는가.

오죽하면 중국학자들도 한국 젊은이들이 정작 한국사 실력은 별로 없으면서 <삼국지>에 나오는 인물과 지명은 훤한 데 놀라고 있다. 중국의 <삼국지>는 잘 알아도 우리나라의 <삼국사기>와 <삼국유사>는 잘 모르니 이런 얼빠진 일이 다 있을까.

물론 <삼국지>를 읽지 말라는 것은 아니다. <삼국지>를 읽더라도 그것이 우리 젊은이들의 역사의식을 좌우하는 길잡이가 되면 안 된다는 뜻이다. 그 이유를 몇 가지 들어본다.

첫째 위·촉·오 중국의 삼국은 모두 60년도 못 간 단명한 나라였다. 위나라 46년, 촉나라 43년, 오나라 59년으로 중국 25사 가운데 단명한 나라에 들어가기 때문에 기록도 많지 않고 또 중국인들도 별로 자랑스러운 역사로 생각하지 않는다. 우리나라 미래의 주인공이 될 젊은이들이 천년사직을 자랑하는 신라와 700년의 고구려와 백제가 아닌 50년짜리 단명 국가들이 싸우는 <삼국지>에 열광한다는 것은 어리석은 일이다.

둘째 <삼국지>의 내용은 배울 것이 없다. 전쟁과 권모술수로 이어진 <삼국지>에 빠져들고 그것을 교훈으로 삼는 것은 정말 한심한 노릇이다. 중국에는 '젊어서는 <수호지(水湖志)>를 읽지 말고 늙어서는 <삼국지>를 읽지 말라(少不看水滸 老不看三國)'는 경구가 있다. 혈기왕성한 젊은 시절에는 <수호지>를 읽고 강도가 될까봐 겁나고 나이 들어 <삼국지>를 읽으면 더욱 음흉하고 교활해질 수 있다는 점을 경고한 것이다.

셋째 <삼국지>에는 존경할 만한 인물이 없다. 가장 존경받는 인물은 아마도 제갈량(諸葛亮)일 것이다. 그러나 사실 그의 실력은 별것이 아니다. 자기 나라가 50년도 못 가 망할 것조차 예견하지 못했다. <후한서> <진서> <위서> 등 정사에 따르면 제갈량은 유비가 죽기 전까지 군권을 장악하지도 못했다. 소설 <삼국지>에는 제갈량이 위나라 사마의(司馬懿)를 몇 차례나 죽을 고비에 빠뜨리지만 이 역시 역사적 사실과 거리가 멀다. 또 삼고초려(三顧草廬)를 한 유비에게 제시했다는 천하삼분지계도 <삼국지>에서 무능한 인물로 묘사된 오나라의 노숙이 손권에게 제시한 계책이었다.

또한 유비도 인내심이 깊고 너그러운 인물이 아니며 친아들 유선의 왕위계승을 위해 양아들 유봉을 죽이고, 처자식을 언제든지 갈아입을 수 있는 의복에 비유하는 등 냉혈한이었다.

이처럼 <삼국지>에 빠지면 권모술수에 능한 기회주의자가 되기 십상이다. 더 큰 문제는 <삼국지>를 좋아하다 보면 우리 역사는 소홀히 하고 <삼국지>에 나오는 인물을 좋아하게 된다는 사실이다. <삼국지>는 그동안 우리나라 사람들을 중화주의자·사대주의자로 만드는 데 가장 큰 기여를 한 책이다.

또 소설 <나관중 삼국지>는 진수(陳壽)가 쓴 정사 <삼국지>와는 역사적으로 다른 부분도 많은 그야말로 소설이다. 김운회 동양대학교 교수의 <삼국지 바로읽기>같이 이를 일일이 밝힌 책까지 나올 정도이니 소설 <삼국지>는 말하자면 역사적 사실을 왜곡 날조한 사극 드라마와 비슷하다고나 할까. <나관중 삼국지>는 역사적 사실이 70%에 허위가 30%라고 하는데 내가 보기에는 역사적 사실이 50%도 되지 않고 허위가 50%가 넘는 그야말로 소설이다.

결국 <삼국지>는 유비나 제갈공명을 배출한 중국이 위대한 나라라는 인식을 주입함으로써 중화제국주의 오염을 주변국에 퍼뜨리고 있다. 이처럼 창작도 아닌 번역 <삼국지>나 <초한지>를 써서 중화제국주의·중화사대주의를 부추기는 일부 몰지각한 작가가 많은 돈을 벌고 유명세를 타는 현실이 터무니없다. <삼국지>에 기울이는 관심보다도 우리 역사를 더 열심히 공부해야 한다.

중국이 우리 고대사 왜곡과 날조와 강탈을 멈추지 않고 있다. 일본의 역사 왜곡이 식민 지배를 정당화하려는 것이라면 중국의 역사 왜곡과 날조와 강탈은 중화제국주의·역사패권주의에서 비롯됐다. 몽골·티베트·신장의 역사를 강탈한 것처럼 한국 고대사를 중국의 변방사로 둔갑시켜 우리 민족사를 말살하려는 매우 불순한 의도를 가지고 있다. 나당전쟁이 1300년 전에 끝난 것이 아니라 여전히 계속되고 있는 것이다.

중국 사학계는 '고조선은 처음부터 중국 주(周)나라의 지방정권이었다. 삼한은 은(殷)나라의 유민이 한반도로 망명해 성립한 나라였다.' 고 왜곡·날조한다. 단군왕검의 고조선이 중국의 주나라, 은나라 이전에 세워진 나라라는 사실을 외면한다.

고구려와 발해를 중국 변방 소수민족의 지방정권이라던 데서 나아가 '고조선과 삼한 전 영토가 중국사의 일부였다.' 고 주장한 것이다.

중국 학계가 이런 식으로 강공을 펴는데도 한국 사학계는 제대로 대응하지 못하는 형편이다.

요하 유역의 홍산(紅山)과 발해만 연안, 요동반도와 만주는 고조선문명의 발상지요 한민족사의 요람이었다. 고조선에 이어 부여·고구려·발해·요가 차례로 일어난 우리 고대사의 중심지였다. 역사적 사실이 분명함에도 불구하고 중국은 고구려사·발해사 강탈도 모자라 이제는 동이족(東夷族)의 동북아 고대문명 전체를 중국사의 일부로 편입시키는 문명사의 강탈행위를 공공연히 자행하고 있는 것이다.

중국은 어찌하여 이런 역사 왜곡의 망발을 자행하는가. 그동안 중국사의 시작은 황하문명설이 주류로 자리 잡아 왔었다. 그러나 최근 발해만·홍산·요하 유역에서 그보다 이른 서기전 7000~1500년의 신석기·청동기 유적이 대거 발굴되었는데, 빗살무늬토기·비파형동검·돌널무덤·석성 등 한국고대사 - 고조선의 특징인 유물유적이 대거 출토되었다. 특히 중국학계와 정부로 하여금 위기를 느끼게 한 것은 기원전 1700~1100년대의 은허(殷墟)보다 훨씬 오래전의 갑골문(甲骨文)이 이 지역에서 출토된 사실이다. 이는 결국 고조선의 발해 연안 문명이 중국의 황하문명보다 앞섰다는 움직일 수 없는 반증이다.

중국인들의 비뚤어진 한국역사관은 뿌리가 깊다. 중국인들에겐 '한국이 중국에게 조공을 바치고 책봉을 받았던 속국'이었다는 인식이 머릿속 깊이 박혀 있다. 고대에는 조공과 책봉이 일종의 외교관계였다는 사실은 안중에 없다.

천리와 순리를 거역하면 개인이든 국가든 결말이 좋을 수가 없다. 현재 중국의 영토 안에 있던 나라가 모두 중국의 지방정권이고 중국사의 일부란 중국 어용사학자들의 궤변은 역사공부를 다시 해야 할 수준 이하의 망발이다.

고구려의 경우만 해도 그렇다. 고구려가 과연 중국에 조공을 바치고 책봉을 바치던 지방정권이었던가. 고구려는 서기전 37년부터 서기 668년까지 28왕 705년을 유지했다. 그동안 중국 땅에는 후한부터 당까지 무려 33개 나라가 있었는데, 200년 이상 지탱한 나라는 단 하나도 없었다. 가장 오래 간 나라가 196년을 유지한 후한이요, 그 다음이 103년인 동진이다. 심지어는 왕이 1명뿐인 남북조시대의 동위나, 겨우 7년 만에 망한 후량 같은 하루살이 제국도 수두룩했다. 중국 역사상 가장 많은 영웅호걸이 등장했다는 위(魏)·오(吳)·촉(蜀) 삼국의 왕이 모두 11명에 60년도 가지 못했다.

또 신라와 합세해 백제와 고구려를 멸망시킨 당도 20대 290년을 이어갔을 뿐이다. 고구려가 '속국'으로 있던 705년 동안 중국에선 33개 나라의 흥망이 무상했다. 이처럼 어처구니없는 '본국'이 어찌 있단 말인가! 사실(史實)이 이럼에도 중국 관변학자들은 입만 열면 '고구려는 중국의 지방정권'이라고 한다.

중국이 끊임없이 만리장성 동단을 늘이는 저의도 결국 고조선·부여·고구려·발해의 영토였던 요서·요동·만주가 모두 중국의 영토였고, 이 땅에 세워졌던 나라는 모두가 '중국 변방 소수민족의 지방정권'이란 날조된 궤변 망언을 강조하려는 데 있다. 중국의 우리 고대사 왜곡과 탈취 기도는 거의 편집광적이다. 1300년 전의 나당전쟁은 아직도 끝나지 않고 지속 중인 것이다.

중국은 그동안 중원이 천하의 중심이고, 주변국은 모두 동이(東夷)·서융(西戎)·남만(南蠻)·북적(北狄) 오랑캐라는 오만방자한 중화사상과 역사패권주의로 일관했는데 이제는 발해연안 홍산·요하문명이 황하문명과 합쳐져 중국문명이 시작되었다고 하고, 중국

한족(漢族)의 조상이라는 황제(黃帝)의 고향이 만리장성 북쪽인 요하 유역이라고 강변한다. 뿐만 아니라 황제와 싸운 동이족의 천왕 - 군장 치우(蚩尤)도 한족의 조상이라고 주장한다. 참으로 어처구니없다.

이런 역사 왜곡과 강탈에 경계심을 늦춰서는 안 되겠다. 이제라도 늦지 않았다. 중국과의 역사전쟁에서 계속 밀리지 않기 위해서는 역사교육을 강화하는 길밖에는 없다. 지금 영어교육에 기울이는 열성의 절반이라도 역사교육에 쏟아보라.

우리 학계도 한중고대사를 제대로 연구하여 국가 생존전략 차원에서 중국의 역사 왜곡과 탈취에 대처해야 한다. 그렇지 않으면 언젠가는 정말로 중국의 지방정권인 조선성(朝鮮省)이나 조선자치구로 전락할지 모른다. 역사를 지키는 민족에게 미래가 있다.

우리가 잘 모르는 우리의 역사를 소설로 엮다

권선복 | 도서출판 행복에너지 대표이사

'역사를 잊은 민족은 미래가 없다' 는 격언이 있듯이 지나간 우리의 역사를 배우고 이해하는 것은 더 나은 미래를 위해서 매우 중요한 일입니다. 하지만 지금의 사람들은 우리의 역사에 크게 관심이 없는 것이 사실입니다. 학교에서 시험을 치르기 위해 역사적 지식을 암기하지만, 학교생활이 끝나면 언제 그런 것을 배웠냐는 듯 모든 내용을 잊어버리곤 합니다.

소설 『나당전쟁의 승리』는 1982년 동아일보 신춘문예로 등단한 작가이자 서울경제신문 문화부장으로 활동한 바 있는 언론인인 황원갑 저자가 통일신라의 이순신 장군이라고 할 만큼의 업적을 세웠으나 그 기록이 거의 남아있지 않아 현재 우리에게는 거의 잊혀진 명장(名將), 김시득 장군을 중심으로 엮어낸 역사소설입니다.

나당전쟁은 669년부터 676년까지, 약 8년여간에 걸친 신라와 당 사이의 전쟁입니다. 국제적인 영향력을 행사할 정도였던 고구려나 백제에 비해 상대적으로 약소국이었던 신라는 생존을 위해 당대 동아시아의 강대국이었던 당과 손을 잡고 고구려와 백제를 멸망시키는 데 성공하지만 한반도 지배의 야욕을 품고 있었던 당은 신라와의 약조를 어기고 한반도를 직접 통치하려는 시도를 합니다. 이에 신라는 다시금 국가의 사활을 걸고 강대국 당에 도전하여 승리를 거두며 한반도 중·남부에 대한 공식적인 지배권을 국제적으로 인정받게 됩니다.

황원갑 저자의 뜨거운 묘사 속에서 김시득, 김유신, 견훤, 연개소문, 그리고 발해의 세계적 대장군 장문휴 장군에 이르기까지 역사책 속의 인물들이 눈 앞에서 움직이는 것처럼 살아 숨 쉬는 모습은 우리 역사가 <삼국지> 등의 유명한 해외 역사소설 못지않게 재미있고 우리의 가슴을 뜨겁게 할 수 있다는 것을 보여줄 것입니다. 그리고 그 전쟁 속에서 어떤 인물들이 활동했는지, 그들은 어떤 각오로 목숨을 걸고 분투했는지, 치열했던 조상들의 삶에서 지금을 살아가는 우리가 어떤 교훈을 배울 수 있는지에 대해 다시금 생각해볼 수 있는 기회를 제공할 것입니다.

NOTE

NOTE

'행복에너지'의 해피 대한민국 프로젝트!

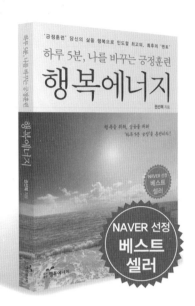

〈모교 책 보내기 운동〉
〈군부대 책 보내기 운동〉

한 권의 책은 한 사람의 인생을 바꾸는 힘을 가지고 있습니다. 한 사람의 인생이 바뀌면 한 나라의 국운이 바뀝니다. 그럼에도 불구하고 많은 학교의 도서관이 가난하며 나라를 지키는 군인들은 사회와 단절되어 자기계발을 하기 어렵습니다. 저희 행복에너지에서는 베스트셀러와 각종 기관에서 우수도서로 선정된 도서를 중심으로 〈모교 책 보내기 운동〉과 〈군부대 책 보내기 운동〉을 펼치고 있습니다. 책을 제공해 주시면 수요기관에서 감사장과 함께 기부금 영수증을 받을 수 있어 좋은 일에 따르는 적절한 세액 공제의 혜택도 뒤따르게 됩니다. 대한민국의 미래, 젊은이들에게 좋은 책을 보내주십시오. 독자 여러분의 자랑스러운 모교와 군부대에 보내진 한 권의 책은 더 크게 성장할 대한민국의 발판이 될 것입니다.

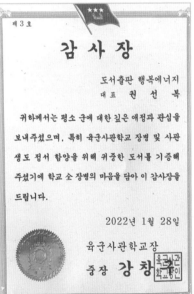